ビジネス
エキスパート
English

図解と
キーワードで学ぶ

金融英語

Financial English

中田京子

The Japan Times

はじめに

「金融」と聞くと、会社の資金部や財務部だけの話と思われる方も多いのではないでしょうか。金融とは、お金の貸し借り・支払いなど、それ自体で機能し完結することもありますが、お金を取り扱う以上、経済・会計・法律・マーケティングといった経営のコアな領域と切っても切り離せない関係にあると言うこともできます。本書ではそうしたことを念頭に、現役会社員として日々触れている重要な50のテーマを取り上げました。企業の金融であるコーポレート・ファイナンスに主眼を置きながら、金融と密接な関係にある財務会計や管理会計のトピックも、少しですがご紹介しています。まずは入門レベルのトピックのイメージをつかんでいただき、さらにご興味があれば、それぞれの専門書に進んでいただければと思います。

本書は、金融やそれをとりまくトピックのキーワードを英語で知りたいと思っていらっしゃる方のためのものです。21世紀においては、金融やビジネスを語る場合、グローバルな視点を踏まえることが当たり前になってきています。外国人の上司・同僚・関連会社の人たちと話すとき、そして外国の顧客と商談をするときなど、専門用語の理解は欠かせません。金融には専門用語が多く、それを知らないと会話に入ること自体が難しくなりますが、反対に専門用語さえ知っていれば、英語での意思疎通は格段に楽になります。話すだけでなく、英字新聞を読んだり英語で書かれた仕事の資料を読んだりする際にも専門用語の知識は大きなアドバンテージになります。とかく日本のビジネスパーソンは、グローバルな舞台に出ると、言語の壁に阻まれて引っ込み思案になりがちと言われますが、専門用語の知識を増やし自信をつけることで、オフィシャルな場での積極的な言動につなげることができると思います。

私は大学時代の専攻は英米文学で、会計や金融と無縁の生活を送っていました。それが、新卒で入社した総合商社の上司に薦められたのがきっかけで、会計の勉強を英語で始めることになりました。金融や会計の世界は、世の中のビジネストレンドに応じて常に押さえておく

べきトピックが満載で、私の飽くなき探求心を満たしてくれます。しかし、学問的な奥深さは計り知れず、その勘所に到達するため、いまだに日々邁進(まいしん)している状況です。

　本書で取り上げた内容は先人の方々の英知の集約であり、それらを咀嚼(そしゃく)し新たな英知を生み出すのが後世の者の使命だと思います。本書の執筆を通して、やっとその出発点に到達したという感じがします。未熟な筆者にとって、本書は十分に果たし得ることが難しいと感じられるタスクでしたが、皆様方のご指導とアドバイスでなんとか形にすることができました。この場を借りて厚く御礼申し上げます。とりわけいつもお世話になっている会社の上司、同僚に深く感謝の意を表します。また、多忙を極める毎日の中で執筆活動をいつも励まし支えてくれた編集者の市原さん、両親、兄、家族、夫にも御礼の意を伝えたいと思います。読者の皆様方に、金融をとりまく世界の楽しさを少しでも感じとっていただければ、筆者としてこれ以上の喜びはありません。

中田京子

図解とキーワードで学ぶ金融英語　CONTENTS

- はじめに ····· 2
- 本書の構成と使い方 ····· 6
- 音声ファイルのダウンロード方法 ····· 8

Chapter 1　ファイナンスを取り巻く世界

- No.1　ファイナンスの領域 ····· 10
- No.2　銀行の役割 ····· 14
- No.3　中央銀行の役割 ····· 18
- No.4　個人のファイナンス ····· 22
- No.5　政府のファイナンス ····· 26
- No.6　企業のファイナンス ····· 30
- No.7　株式会社 ····· 34
- No.8　コーポレートガバナンス ····· 38
- No.9　デリバティブ（1）—しくみ— ····· 42
- No.10　デリバティブ（2）—種類— ····· 46

Chapter 2　資金の調達

- No.11　資本調達 ····· 52
- No.12　株式による資金調達 ····· 56
- No.13　デットファイナンス（1）—借入金— ····· 60
- No.14　デットファイナンス（2）—社債— ····· 64
- No.15　負債コスト ····· 68
- No.16　株主資本コスト ····· 72
- No.17　資本コスト ····· 76
- No.18　証券化 ····· 80

Chapter 3　キャッシュフローを生み出す

- No.19　資本予算 ····· 86
- No.20　お金の時間価値 ····· 90
- No.21　正味現在価値法（NPV法） ····· 94
- No.22　内部収益率法（IRR法） ····· 98
- No.23　会計とファイナンスの違い ····· 102

No.	項目	ページ
No.24	貸借対照表(1) ―資産―	106
No.25	貸借対照表(2) ―負債・純資産―	110
No.26	損益計算書	114
No.27	キャッシュフロー計算書	118
No.28	運転資金	122
No.29	運転資金管理	126
No.30	棚卸資産管理	130

Chapter 4 経営を見える化する

No.	項目	ページ
No.31	財務分析	136
No.32	流動性分析(1) ―短期安全性―	140
No.33	流動性分析(2) ―長期安全性―	144
No.34	自己資本利益率(ROE)	148
No.35	経済付加価値(EVA®)	152
No.36	CVP分析	156
No.37	全部原価計算と直接原価計算	160
No.38	活動基準原価計算(ABC)	164
No.39	経営計画の策定	168
No.40	予算編成	172
No.41	責任会計のしくみ	176

Chapter 5 企業価値を高める

No.	項目	ページ
No.42	企業価値	182
No.43	フリーキャッシュフロー(FCF)	186
No.44	企業価値評価法(1)	190
No.45	企業価値評価法(2)	194
No.46	企業価値を向上させる	198
No.47	M&Aの種類と目的	202
No.48	M&Aの手法	206
No.49	M&Aのプロセス	210
No.50	連結会計	214

索引 ……… 219

本書の構成と使い方

本書は、金融の基本的な概念について理解し、その英語を身につけるための新しい学習書です。全体は5つの章、50の項目から成っています。ここではその構成と使い方をご紹介します。

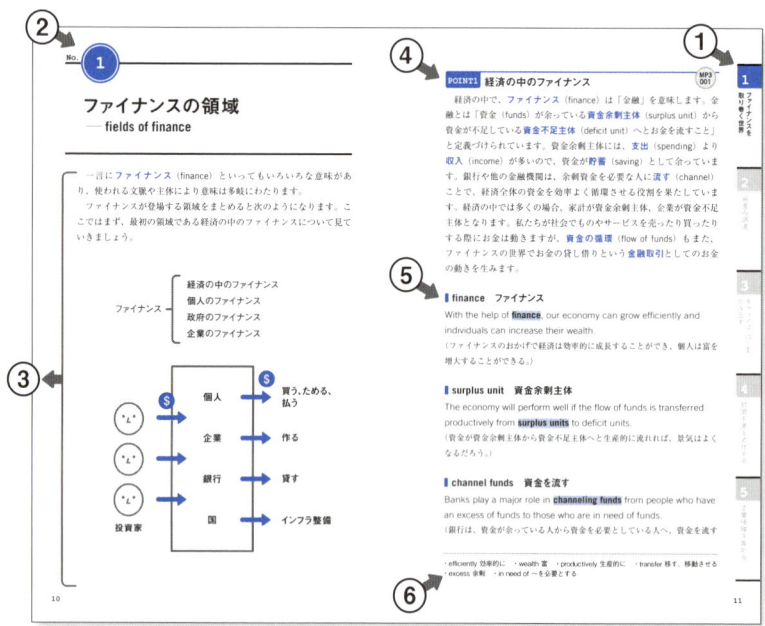

① Chapter（章）
本書では、金融をめぐるさまざまな概念を大きく5つのカテゴリーに分けています。

② トピック
金融を理解するのに必要不可欠な50の重要項目を取り上げています。

③ トピックの概要とチャート

このトピックで取り上げることの概要と、内容を理解するためのチャートです。まずここを読んで、内容を大まかに把握しましょう。

④ Point

このトピックについて理解するうえでポイントとなる用語とそれについての説明です。説明文中のよく使われる重要語句には、対応する英語もついています。

⑤ キーワード(▌)と例文

このトピックや Point でよく使われるキーワードとそれを使った例文です。

すべての例文（英文）の MP3 音声がサイトから無料ダウンロードできます（ダウンロードの方法については次ページを参照してください）。

⑥ 語注

例文を読むための語注です。

Column

Point で紹介しきれなかった事柄や、さらに知っておくとよいポイントを取り上げたコラムです。

プラスα vocabulary

金融について、さらに知っておきたい語彙をまとめています。合わせて覚えるようにしましょう。

索引

本文で取り上げたキーワードとそれに準じる重要語句を五十音順にまとめました。本書を読み終わった後でキーワードを目にしたら、本書の該当部分を読み直してみると、内容がよりよく身につくでしょう。

音声ファイルのダウンロード方法

　この本に対応する音声ファイル（MP3形式）は、以下のURLより無料でダウンロードすることができます。

http://bookclub.japantimes.co.jp/finance

＊ブラウザのバージョンや端末の状況によって、時間がかかる場合がございます。
＊音声ファイルはZIP形式に圧縮されていますので、ソフトなどで解凍したうえでご利用ください。

編集協力　中田俊介／ロゴポート（市原豊）
英文校閲　ロゴポート（Nicolas Walker）
装丁　tobufune（小口翔平＋西垂水敦）
本文デザイン　matt's work（松好那名）
組版　株式会社創樹
ナレーション　Josh Keller／Rachel Walzer
音声収録　ELEC録音スタジオ

Chapter 1

ファイナンスを
取り巻く世界

　ファイナンスと聞くと金融の世界だけの話と思われる方も多いと思いますが、実はファイナンスが活躍する場は意外に広いのです。この章では、ファイナンスが登場する領域を経済・個人・政府・企業という4つの側面から見ていきます。特に、企業のファイナンスについては、具体例に踏み込んで、企業がファイナンスを駆使しリスクヘッジ策に用いているデリバティブについて少しお話しします。

No. 1

ファイナンスの領域
── fields of finance

　一言に**ファイナンス**（finance）といってもいろいろな意味があり、使われる文脈や主体により意味は多岐にわたります。
　ファイナンスが登場する領域をまとめると次のようになります。ここではまず、最初の領域である経済の中のファイナンスについて見ていきましょう。

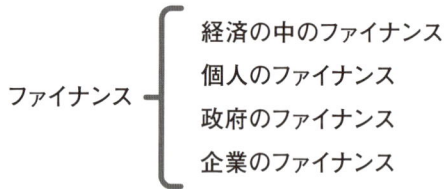

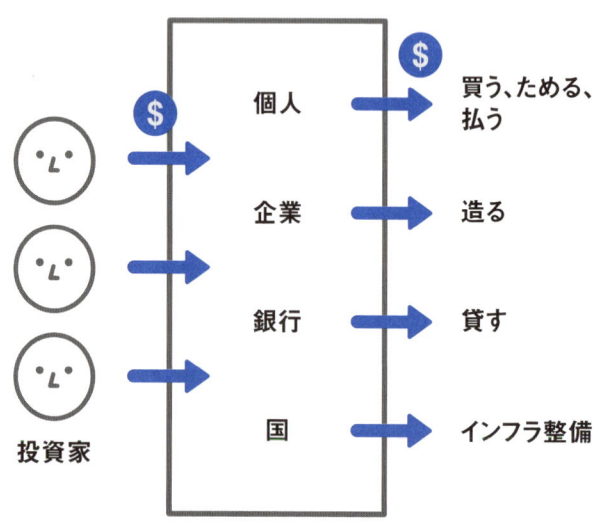

POINT1 経済の中のファイナンス

　経済の中で、**ファイナンス**（finance）は「金融」を意味します。金融とは「資金（funds）が余っている**資金余剰主体**（surplus unit）から資金が不足している**資金不足主体**（deficit unit）へとお金を流すこと」と定義づけられています。資金余剰主体には、**支出**（spending）より**収入**（income）が多いので、資金が**貯蓄**（saving）として余っています。銀行や他の金融機関は、余剰資金を必要な人に**流す**（channel）ことで、経済全体の資金を効率よく循環させる役割を果たしています。経済の中では多くの場合、家計が資金余剰主体、企業が資金不足主体となります。私たちが社会でものやサービスを売ったり買ったりする際にお金は動きますが、**資金の循環**（flow of funds）もまた、ファイナンスの世界でお金の貸し借りという**金融取引**としてのお金の動きを生みます。

▍finance　ファイナンス

With the help of **finance**, our economy can grow efficiently and individuals can increase their wealth.
（ファイナンスのおかげで経済は効率的に成長することができ、個人は富を増大することができる。）

▍surplus unit　資金余剰主体

The economy will perform well if the flow of funds is transferred productively from **surplus units** to deficit units.
（資金が資金余剰主体から資金不足主体へと生産的に流れれば、景気はよくなるだろう。）

▍channel funds　資金を流す

Banks play a major role in **channeling funds** from people who have an excess of funds to those who are in need of funds.
（銀行は、資金が余っている人から資金を必要としている人へ、資金を流す

・efficiently 効率的に　・wealth 富　・transfer 移す、移動させる　・productively 生産的に
・excess 余剰　・in need of ～を必要とする

のに主要な役割を果たしている。)

POINT2 金融機関

　金融取引は、銀行、証券会社などの<u>金融機関</u>（financial institutions）が主役となり行います。金融機関は、金融サービスを提供しているので、英語では financial-services firms（金融サービス会社）と呼ばれることもあります。国により差はありますが、金融サービス会社にはいろいろな種類があります。代表的な例としては、<u>商業銀行</u>（commercial bank）、<u>証券会社</u>（securities firm）、<u>保険会社</u>（insurance company）、<u>投資ファンド</u>（investment fund）、<u>年金基金</u>（pension fund）などがあります。金融機関が融資契約により資金を循環させる際、資金余剰者のことを<u>貸手</u>（lender）と呼び、資金不足者のことを<u>借手</u>（borrower）と呼びます。

　銀行は、貸手の代表例ですが、銀行自体もその資金を自ら保有しているわけではなく、預金者から集めた資金を元手として必要としている借手に融資しています。銀行が<u>金融仲介者</u>（financial intermediary）といわれるゆえんです。

▎depository institutions　預貯金取扱機関

Commercial banks are **depository institutions**, while insurance companies are categorized as nondepository institutions.
（商業銀行は預貯金取扱機関だが、保険会社はそのように分類されない。）

▎securities firm　証券会社

Securities firms are also called investment banks and they engage in underwriting securities.
（証券会社は投資銀行とも呼ばれ、証券の引受業務を担当している。）

▎financial intermediary　金融仲介者

Financial-services firms act as **financial intermediaries** by allocating resources to where they are needed.
（金融サービス会社は、資源を必要としているところに資源を割り当てる金融仲介者としての働きをする。）

POINT3 金融市場

　金融取引（financial transaction）は、金融市場（financial market）を介して行われます。金融市場には、個人、企業、金融機関、国などいろいろな参加者（participant）がいます。売買される商品ごとに多様な市場がありますが、中核となる市場は、株式を売買する株式市場（stock market）、債券を売買する債券市場（bond market）、異なる通貨の売買をする外国為替市場（foreign exchange market）です。株式市場と債券市場は、合わせて資本市場（capital market）とも呼ばれます。その他には短期金融市場（money market）と呼ばれる、1年以内に満期がくる（maturity of less than one year）金融商品が取引される市場があります。短期金融市場には、金融機関のみが互いに資金を融通しあうインターバンク市場（interbank market）などがあります。

▌money market　短期金融市場

Principal financial instruments traded in the **money market** include treasury bills, commercial paper and repurchase agreements.
（短期金融市場で取引される主要な金融商品の中には、短期国債、コマーシャルペーパー、レポ取引などがある。）

▌capital market　資本市場

The market participants in modern **capital markets** are located in developed economies as well as in emerging markets.
（現代の資本市場の参加者は、先進国および新興市場の双方に存在する。）

・principal 主要な　・financial instrument 金融商品　・treasury bill 短期国債
・repurchase agreement レポ取引　・emerging 台頭する、新興の

銀行の役割
— bank

　金融機関（financial institutions）は、ファイナンスの担い手として中心的な役割を果たします。その代表は、預金を集めて他者にお金を貸す業務をしている**銀行**（bank）です。

　銀行はその機能ゆえ公共性が高く、倒産すると預金者が一斉に預金を引き出そうとして**金融パニック**（financial panic）が起き、社会に与える影響が大きいことから、銀行には**健全性**（soundness）を確保するために厳しい**規制**（regulation）が課せられています。特に銀行ビジネスを営むにふさわしい**自己資本適正性**（capital adequacy）を持つことが要求されています。

　こうした金融機関の代表である銀行の役割を、**仲介**（intermediation）、**情報生産**（process information）、**決済**（settlement）という3つの主な機能に分けて見ていきましょう。

銀行の役割
- 資金の仲介
  financial intermediation
- 資金をめぐる情報生産
  processing financial information
- 決済
  settlement

POINT1 資金の仲介

　商業銀行（commercial bank）の伝統的な業務は、**金融の仲介役**（financial intermediary）として資金を配分することです。つまり、お金を貸したい人から**預金を集め**（gather deposits）、お金を借りたい人に**融資する**（make loans）のです。融資先には、企業や個人だけでなく政府も含まれます。銀行が**貯蓄者**（savers）から**支払者**（spenders）へ**資金を移動させる**（transfer funds）ことで、**経済や商業がうまく回ります**（facilitate economy and commerce）。このように銀行は、経済主体に**流動性を供給して**（provide liquidity）いるのです。

▌capital adequacy　自己資本適正性

Capital adequacy represents exposure of banks to risks such as market risk or credit risk.
（自己資本適正性は、銀行が市場リスクや信用リスクなどのリスクにどのくらいさらされているかを示している。）

▌gather deposits　預金を集める

The traditional business style of banking is **gathering deposits** in order to make loans.
（預金を集めて融資を行うというのが伝統的な銀行のビジネススタイルである。）

POINT2 資金をめぐる情報生産

　銀行は、**預金を元手として融資をする**（funding loans with deposits）だけでなく、顧客のいろいろな金融情報を自らのネットワークで収集、分析し、貸手に代わって融資を実行してもよい借手かどうかの**審査**（screen）を行います。融資後も借手の行動を**監視し**（monitor）、借手が**融資契約**（loan agreement）をきちんと履行しているかを確認します。銀行が融資を仲介してくれるおかげで、貸手が借手の信用力などをよく知りえないが、借手は自身の返済能力をよく知っていると

・exposure さらされること　・make loans 融資する、貸付を行う

いう **情報の非対称性**（asymmetric information）の問題が少し緩和されます。

　借手と貸手の双方とビジネスをしているという性質上、銀行にはいろいろな情報が集まってきます。銀行は、自らが蓄えている情報を発信する機能もあります。例えば、中小企業への資金調達の相談や海外進出にあたってアドバイスをすることもあります。また、会社の売却先を探している売手を興味のありそうな買手に紹介したりするなど、M&A の案件の紹介なども行っています。

▌monitor　監視する

Lenders **monitor** the quality of borrowers in order to secure their profitability.
（貸手は、自らの収益性を確保するために借手の性質を監視する。）

▌asymmetric information　情報の非対称性

Asymmetric information refers to the situation where lenders do not have enough information about borrowers' ability to repay the loan, while borrowers know their capacity well.
（情報の非対称性とは、貸手は借手のローン返済能力について十分な情報を得ることができないが、借手は自分の返済能力についてよく知っているという状況である。）

POINT3　決済

　銀行に預金口座を開くことで、私たちはさまざまな金融取引を行うことが可能になります。何か買い物をするとき、直接現金を持ち歩いて支払わなくても、預金口座を介して**決済する**（settle payments）ことができます。預金口座があることで、口座振替やクレジットカード（credit card）、デビットカード（debit card）などでの決済が容易になります。また銀行は、すぐにお金を必要としているときにアクセスできる **ATM**（automated teller machine）というシステムも備えています。現代では家にいながらにして銀行の**ネットバンキング**（electronic banking）で振込サービスを利用し、迅速な取引を実現することができます。これらは、すべて EFT（electronic funds transfer：電子資

金振替）と呼ばれる**情報技術**（information technology）の進化により実現しました。

私たちが個人の力で行おうとすれば莫大になったかもしれない金融関連の**取引費用**（transaction costs）は、銀行の技術革新のおかげで格段に削減されているといえます。

▍settle payments　支払いを決済する

Using debit cards, we can instantaneously **settle payments** electronically.
（デビットカードを使用すると、瞬時に電子にて支払決済をすることができる。）

▍ATM　現金自動預入支払機

ATMs provide convenience to customers in exchange for the high fees they charge for transactions.
（ATMはその高い手数料と引き換えに顧客に利便性を提供する。）

Column　銀行の自己資本規制（capital requirements for banks）

グローバル化が進む現代では、金融の危機は国境を越えて連鎖します。国際的な枠組みで金融システムが安定することを目的として、1988年にバーゼル合意（Basel Accord）が誕生しました。バーゼル合意は、リスク資産に対して自己資本が8％以上なければならないという、銀行の自己資本比率の国際的な基準を定めたものです。スイスのバーゼルに本部があり、銀行業務の管理監督（bank supervision）を担当するバーゼル委員会（the Basel Committee）が策定したことからこのように呼ばれていますが、日本ではBIS規制という名のほうが通っているようです。（BISは同じくバーゼルに本部がある国際決済銀行（Bank for International Settlements）の頭文字です。）国際的な業務を行う銀行は、すべてこのバーゼル合意を遵守しなければなりません。その後、信用リスクだけでなく激変する時代の多様なリスクに対応するために改定を重ね、バーゼル合意は、バーゼルⅡ、バーゼルⅢへと進化してきています。

・secure 確保する　・profitability 収益性　・capacity 能力　・instantaneously 瞬時に

No. 3

中央銀行の役割
── central bank

　中央銀行のもっとも重要な使命は、**物価の安定**（price stability）です。極度なインフレーションやデフレーションを回避し、景気を安定させることが大切です。また、**金利**や**通貨供給量**（money supply）を調節し、金融システムの安定性・健全性を維持するために**金融政策**（monetary policy）を実行しています。最終目標は、個人消費が進み、失業率が回復し、企業が収益を上げ、経済全体が成長を続けていくことです。海外にも中央銀行は存在し、国によって少しずつ違いはあるものの、ほとんど同じような役割を担っています。アメリカでは、**米連邦準備制度**（Federal Reserve System (the FED)）が中央銀行にあたります。ここでは、日本の中央銀行である日本銀行の役割に焦点をあてて見ていきましょう。

中央銀行の役割
- 公開市場操作
- 市場介入
- 銀行の銀行
- 政府の銀行

POINT1 公開市場操作

中央銀行の中心的な金融政策としては、**公開市場操作**（open market operations）があります。中央銀行は、**手形**、**CD**（譲渡性預金。certificate of deposit の略）、**有価証券**、**国債**などを市場で売買し、通貨供給量を調節します。公開市場操作には**買いオペ**（buying operation）と**売りオペ**（selling operation）があります。

買いオペ：日本銀行が市場から国債などを購入すると、市中銀行に資金が増え、銀行は企業や個人に融資を行いやすくなります。借り手市場になるので金利は下がり、景気が上向きます。企業の投資や個人消費が伸び悩み始めたら、デフレにならないために買いオペをして**景気を刺激します**（stimulate the economy）。結果として不足資金を供給するので国内にマネーの量が増加します。

売りオペ：逆に日本銀行が国債を売ると、金融システム内の融資や借入の残高が減少する方向に向かいます。金融機関の余剰資金を日本銀行が吸い取る結果となります。市中銀行は、銀行事業をするための資金が足りなくなり、どこかからお金を借りてこなければならなくなります。資金の需要が高まり、金利は上昇、景気は抑制されます。

▎price stability　物価の安定

The European Central Bank plans to conduct quantitative easing to restore **price stability**.
（ヨーロッパ中央銀行は物価の安定を取り戻すために量的緩和を実施する計画だ。）

▎open market operations　公開市場操作

Interest rates are affected by **open market operations**, in which central banks purchase and sell government securities.
（中央銀行は公開市場操作の一環として政府の債券を売買するが、これは金利に影響を与える動きである。）

・conduct 実施する　・quantitative easing 量的緩和　・security 債券

POINT2 市場介入

　金融庁に代わって日本銀行が**外国為替市場**（foreign exchange market）に介入することを**市場介入**（market intervention）といいます。急激な円高や円安などが起きた場合に、円売りや円買いを行って外国為替市場を安定させようとします。介入の効果を上げるために、複数の国が連携して協調介入を行うこともあります。

▎intervene　介入する

There is speculation that the Bank of England plans to **intervene** in the forex market in order to defend its own currency from weakening against the US dollar.
（イギリス中央銀行が米ドル安から自国通貨を守るために外国為替市場に介入する予定という推測がある。）

▎the Federal Reserve　連邦準備銀行

The Federal Reserve is expected to raise the interest rate later this year.
（連邦準備銀行は、今年後半に金利を上げると予想されている。）

POINT3 銀行の銀行

　民間銀行は、**準備金**（reserve）といって個人や企業から預かっている預金の一部を使用せずに取っておかなければなりません。この準備金は、実際には、日本銀行の当座預金口座に預金されています。そして日本銀行は、他の金融機関に資金が足りなくなったときに貸し出しています。
　また金融機関が危機に陥り、**支払不能**（insolvent）になって倒産しそうなときは、**最後の貸し手**（lender of last resort）として救済することがあります。金融システム全体が混乱するのを防ぐためです。

▎reserve　準備金

Every commercial bank is required to keep a certain amount of cash **reserves** with the central bank.

（商業銀行は、一定の金額の準備金を中央銀行に預けることを義務付けられている。）

▎lender of last resort　最後の貸手

The IMF can play the role of **lender of last resort** when there is a financial crisis in emerging markets.
（国際通貨基金は、新興市場においては、金融危機のときには最後の貸手としての役割を果たすことができる。）

POINT4　政府の銀行

　日本銀行内には政府預金口座があり、政府の**国庫資金**（treasury funds）を管理しています。税金収入や国債発行による収入などの歳入金を預金し、年金や公共事業に歳出する際に引き出して使用します。

▎cash management　現金管理

Central banks offer **cash management** services for the government, providing short-term liquidity.
（中央銀行は短期の流動性を提供して政府の現金管理サービスを行うことがある。）

▎public works　公共事業

Large-scale of **public works** were proposed by the government to improve local infrastructure.
（政府は、地域インフラを改善するために大規模な公共事業を提案している。）

・speculation 推測　・forex（= foreign exchange）外国為替　・liquidity 流動性

No. 4 個人のファイナンス
── personal finance

　個人のファイナンス（personal finance）の主体は、**家計**です。家計は英語では household といいます。家計は労働力を提供し、所得を生み出し消費活動を行う重要な経済主体です。家計は個人レベルでのお金のやりくりですが、会社と同じように予算の制約（budget constraint）があり、予算の中で商品やサービスを購入しようとします。

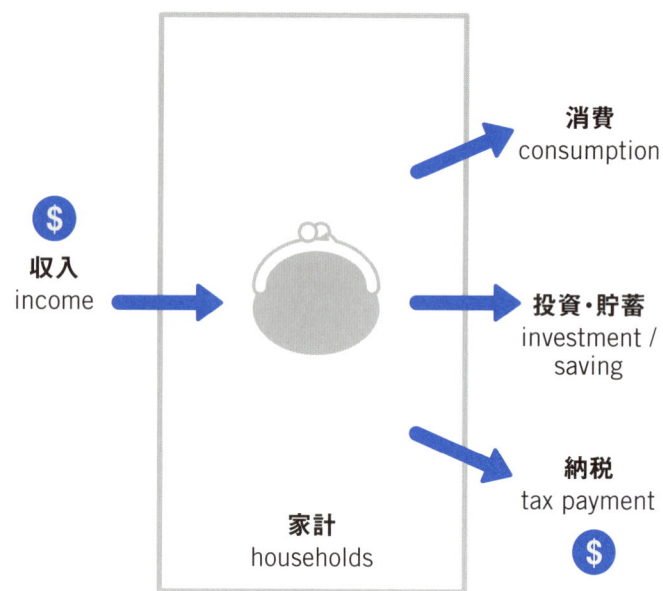

22

POINT1 家計

　家計は、**収入**（income）と**支出**（expenditure）から成り立っています。expenditure とはお金を使う行為や支出額を指します。「支出する」は spend といいます。**個人消費**は consumer spending です。

　家計の収入は、サラリーマンの場合は**労働力**（labor）を提供して会社からもらう**給料**（salary）が主になります。収入により得たお金で、人々は生活するのに必要な食品や衣服を購入したり、**家賃**（rent expense）や**住宅ローン**（mortgage）の支払いを行ったりします。

household　家計、世帯

To create a **household** budget, it is important to get a clear picture of household income and expenses.
（家計の予算を作るには、家計の収入と支出をはっきりとらえることが大切だ。）

mortgage　住宅ローン

The number of **mortgage** applications fell as housing prices increased.
（住宅ローンの申し込み数は、住宅価格が上昇するにつれて減少した。）

expenditure　支出

Expenditures on clothing showed a rising trend in 2015.
（衣服への支出は、2015年に上昇傾向にあった。）

POINT2 消費

　家計の支出を**消費活動**と呼びます。「消費する」は consume で、「消費」は consumption となります。家計の消費は、経済を支える重要な活動です。家計の支出は、日本の GDP（gross domestic product：国内総生産）の半分以上を占める重要な要素となっています。

・budget 予算　・get a picture of ～をとらえる　・application 申し込み　・trend 傾向

consumption　消費

Household **consumption** is influenced by the level of household income.
（家計の消費は、家計の所得水準に影響を受ける。）

POINT3　投資・貯蓄

　家計は、ただ消費するだけでなく、**貯蓄**や**投資**という重要な活動も行っています。定年に備えて毎月の支出から残った部分を銀行に**預金し**（deposit）たりします。また最近では、余った資金で株式をオンライントレードする個人投資家も増えています。

saving　貯蓄

If we earn more than we spend, we can steadily increase our **savings**.
（消費以上の収入があれば、着実に貯蓄を増やすことができる。）

POINT4　税金を納める

　個人の重要な活動の一つに、**税金**（tax）を納めることがあります。家計の支出する税金は、政府の重要な**財源**（source of income）となります。私たちは、消費と同時に**消費税**を支払っていますし、**住民税**や**所得税**（income tax）を納め、その見返りとして政府の提供する**公共サービス**（public service）を利用しています。

tax　税

Personal income **tax** is due at the end of this month.
（個人所得税が、今月末支払期限を迎える。）

source of income　収入源

More and more individuals are diversifying their **sources of income** with sideline businesses.
（副業で収入源を多角化する個人が増えている。）

Column GDP

　GDP（gross domestic product：国内総生産）は「ある国である一定期間に生み出された付加価値の合計金額」と定義されます。付加価値とは新たに生み出された価値のことなので、売上高そのものではなく、売上高から仕入高を差し引いた額を意味します。生産者から消費者までの付加価値を通算していくと最終生産物に相当するので、GDPはある年に生み出された最終生産物やサービス（final goods and services）の総額ということもできます。GDPはその国の経済規模の指標とされ、GDPの伸び率を経済成長率と呼びます。例えばGDPが前年度より1％増加すれば、その国の経済は1％成長したととらえられます。

　GDPには、実質GDP（real GDP）と名目GDP（nominal GDP）の二つがあります。名目GDPは、その年のそのままの価格で計算された値です。実質GDPは、物価水準の変動を考慮してその影響を取り除いた値を示します。インフレーションが進み物価上昇している局面では名目GDPが増加しますが、ものの価値が変わったわけではないので、実質GDPを見ると真の経済の成長実態がわかります。GDPは次の要素で構成されています。

GDP ＝ C（consumption：民間消費）＋ I（investment：民間投資）＋ G（government：政府支出）＋ EX（export：輸出）－ IM（import：輸入）

　日本では、Cの個人消費額が一番大きく、GDPの半分以上を占めているといわれています。個人消費を支えているのは家計の支出です。企業の投資は、景気が悪いと大幅に削減することができますが、個人消費は、最低限の衣食住に関わる消費であり削減が難しいためその値が激変することはあまりありません。Gの政府支出は、主に公共サービスや公共事業に関わる金額です。EX－IMは、輸出と輸入の差額なので貿易収支（trade balance）とも呼ばれます。

・influence 影響を与える　・earn 得る、稼ぐ　・steadily 着実に　・due 期限が来た
・sideline business 副業

No. 5

政府のファイナンス
— public finance

政府のファイナンス（public finance）は、**財政**を意味します。財政とは中央政府と地方自治体などの公的機関の行う経済活動のことをいいます。public は「公の」という意味で、政府を指す場合には、governmental（政府の）と同義になります。この場合の反対語は personal（個人の）です。

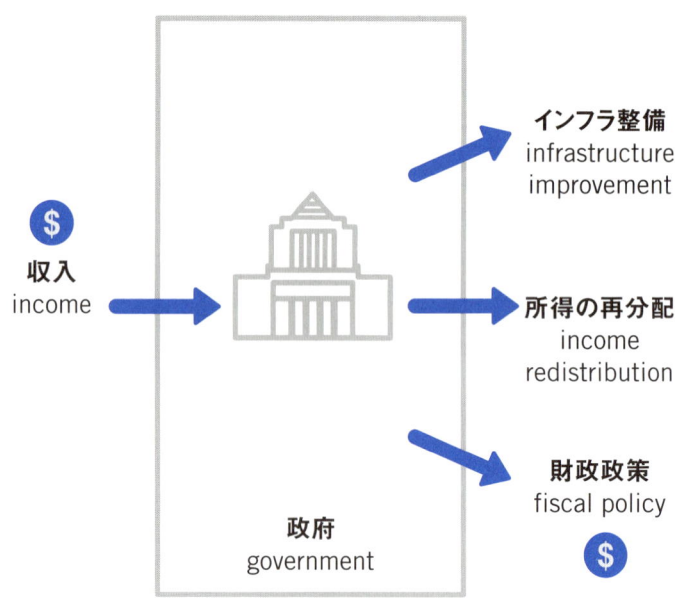

POINT1 国の資金調達

政府の収入の主なものは**税金**で、これを**税収**（tax revenue）と呼びます。税収だけで足りない場合は、**国債**（government bond）を発行して企業や個人に購入してもらい、資金不足を補います。

▌government　政府

There are many **government** programs to help the poor.
（貧しい人を援助する政府のプログラムは数多く存在する。）

▌tax revenue　税収

The government plans to introduce a new type of tax in order to increase **tax revenue**.
（政府は、税収を上げるために新しい種類の税金を導入しようと計画している。）

POINT2 社会インフラやサービスの提供

財政活動の代表例として、警察や上下水道、道路整備などの、社会にとって必要不可欠な**インフラ**（infrastructure）やサービスの提供が挙げられます。これらの、民間企業だけでは十分な供給が期待できないような財やサービスを、**公共財・サービス**（public goods and services）と呼びます。国民の生活にとって必要なものなので、政府が補完してくれます。教育や警察サービスのようにサービスを消費する人が増えても他の人が利用できなくなるということはありません。

▌infrastructure　インフラ

It is important for developing economies to improve their **infrastructure** as quickly as possible.
（発展途上国にとっては、インフラをできるだけ早く改善することが大切だ。）

・the poor 貧しい人々　・introduce 導入する　・increase 増やす

▍public goods　公共財

Last year, the government increased spending on national defense, which is considered to be one example of **public goods**.
（昨年、政府は、公共財の例の一つとされている国防費への支出を増加した。）

POINT3　所得の再分配

　次に重要な政府の財政活動は、**所得の再分配**（income redistribution）です。資本主義社会の自由競争においては、どうしても貧富の差が生まれ、拡大していきます。そのため、政府は所得の高い人からより多くの税金をとり、所得の低い人や何らかの事情で生活保護を受けている人に分配しています。また政府は、低所得者には教育費や住居費の援助も行っています。

＊所得が多い人ほど税率を高くする税金の方式を「累進課税」（progressive tax）、反対に消費税のように所得に関係なく皆が同じ税率の税金を「比例税」（proportional tax）といいます。

▍high income / low income　高所得／低所得

The number of people with **high incomes** decreased by 10%, while the number of people with **low incomes** rose by 15%.
（高所得者の数が10%減少する一方で、低所得者の数は15%増加した。）

▍redistribute　再分配する

It is considered necessary to **redistribute** income from the rich to the poor.
（富める者から貧しい者へ所得を再分配することが必要だと考えられてきた。）

POINT4　経済安定のための施策

　政府の財政活動で重要なもう一つのものは、経済安定のためのいろいろな**財政政策**（fiscal policy）です。具体的には、国民に給付金を配ったり、法人税を減税したり、道路・橋などを建設する公共事業を行って**景気を刺激したり**（stimulate the economy）することです。これらは、個人収入を増やし、消費の増加につなげるのが目的です。

fiscal policy　財政政策

The **fiscal policy** recently announced by the government looks promising.
(最近政府が発表した財政政策は期待が持てる。)

stimulate the economy　景気を刺激する

One of the policies that the European Central Bank decided on was to lower interest rates in order to **stimulate the economy**.
(欧州中央銀行が決定した政策の一つに、景気刺激のための金利の引き下げがあった。)

・national defense 国防　・consider 見なす　・decrease 減少する　・while 〜する一方で
・promising 見込みのある、有望な　・lower 下げる　・interest rate 金利

No. 6

企業のファイナンス
— corporate finance

　企業のファイナンスは、**企業の財務**や**経営財務**と呼ばれ、英語では corporate finance といいます。corporate は「会社（corporation）に関する、法人の」という意味の形容詞です。corporate finance は、会社の中でお金がどのように流れているかを把握し、どのようにお金が流れると会社にとって効率がよいのかを考えます。corporate finance は、重要な経営の**戦略**（strategy）なのです。

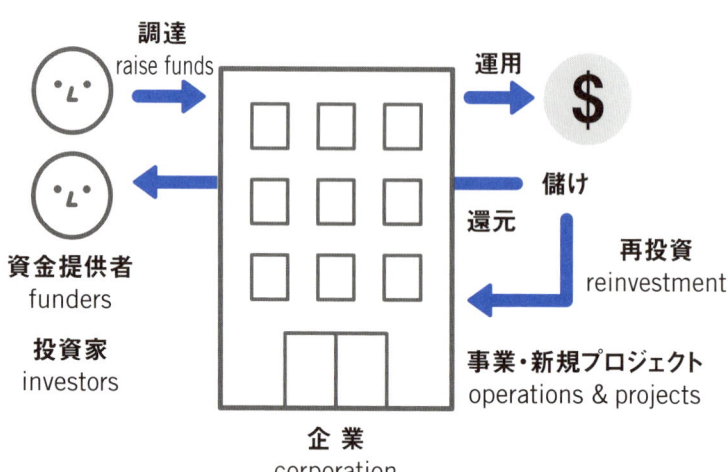

POINT1 資金を調達する

　企業の活動は、まず**資金を調達する**（raise funds）ことから始まります。どのような企業でも、商品やサービスを顧客に販売するまでに、何を売るかの研究や仕入、製造という過程を経ています。これらを会社の**事業活動**（operations）と呼びます。事業活動を営むにはお金が必要です。企業はふつう、資金提供者から調達した資金を使って事業活動を展開します。

▍raise funds　資金を調達する

To start this new project, the company needs to **raise funds** immediately.
（この新プロジェクトを開始するためには、すぐに資金を調達しなくてはならない。）

▍strategy　戦略

The marketing **strategy** they chose was effective at increasing popularity for that product.
（彼らが選んだマーケテイング戦略は、その製品の人気向上に効果があった。）

POINT2 資金の運用

　もの作りをしている企業であれば、ものを**作る**（manufacture）ための原材料を購入します。また、それまで作ったことのないものを作る新規のプロジェクトを始める場合には、新しい機械を買ったりします。このように、資金を使って、材料を購入してもの作りを開始したり、設備を整えて新事業を営んだりすることを、**資金の運用**をするといいます。企業は、資金を調達、運用し、事業活動をした結果、**儲け**を生み出します。儲けは文脈により、profit や return、income と呼びます。また、儲けは投下した資金よりも大きいキャッシュを生み出すことなので、単に cash ということもあります。

・immediately ただちに　・effective 効果のある、有効な　・popularity 人気

corporate financeの世界では、生み出したキャッシュが多いほど儲けが多いとされ、その事業は成功しているととらえられます。それゆえ、企業にとってはいかに事業を通してキャッシュを増やすかが重要なテーマとなります。

manufacture 製造する

The company **manufactures** watches and exports them overseas.
（その会社は、時計を製造し海外に輸出している。）

generate cash キャッシュを生み出す

We must carefully examine which investment plan would **generate** more **cash**.
（どの投資計画がより多くのキャッシュを生み出すか、よく調べなければならない。）

POINT3 資金の分配

　事業活動の結果得られた儲けをどのように分配する（distribute）べきかは、企業にとって重要な問題です。分配には、大きく分けて二つあります。企業自体に分配する場合と、資金提供者に分配する場合です。

　企業それ自体へ分配することを、再投資する（reinvest）といいます。資金提供者は、投資家（investor）とも呼ばれます。株式会社の場合、主な投資家は銀行（bank）と株主（shareholder）になります。投資家へ還元する場合、株主に分配する利益は配当といい、銀行に還元するときには、お金を借りているので利息という形で分配します。

reinvest 再投資する

To achieve business growth, companies must **reinvest** some of their profit.
（事業を成長させるためには、儲けのうちのいくらかを再投資に回さなければならない。）

investor　投資家

We need to clearly explain the objectives of this project to our **investors**.

(このプロジェクトの目的を投資家にはっきりと説明する必要がある。)

・overseas 海外に　・examine 調査する、検討する　・investment 投資
・achieve 達成する　・profit 利益、儲け　・objective 目的

No. 7

株式会社
―― corporation

会社の種類は国によってさまざまですが、平成18年の会社法施行により、現在の日本では、**株式会社**、**合同会社**、**合名会社**、**合資会社**の4つの類型があります。合同会社は、新会社法により新設されたもので、設立費用が抑えられ、有限責任でありながら配当や機関設計を柔軟に決定できるなどのメリットを持ち、日本版**LLC**（limited liability company）と呼ばれています。

どの会社の形態をとっても、事業を営む以上、元手となる資金の調達をどうするかというファイナンスの問題は日常的な課題として出てきます。本書では、主に**株式会社**（corporation）に焦点をあててファイナンスを考えていきます。株式会社とはどういう存在なのでしょうか？　まずは、そのしくみから見ていきましょう。

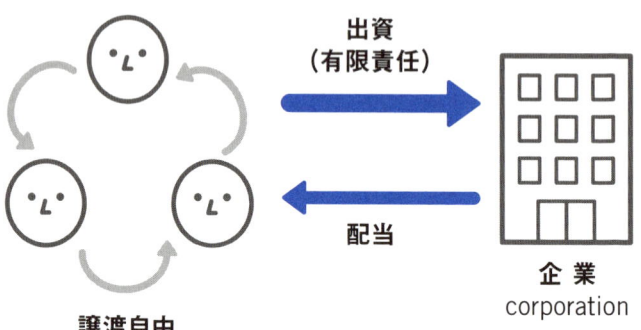

POINT1 株式会社のしくみ

　初めは、**起業家**(entrepreneur)がお金を出資して株式会社を作り、**株主**(shareholders)となります。株主には、出資した持分を証明する**株券**(stock certificate)を渡します。最近では、株券を発行しない会社が増えています。

　株式は、会社の持分を細分化したものです。出資単位も小口化することができるので、小さなお金をより多くの人から集めることができます。たくさんの資金を集めることで会社は成長していくことができます。会社の事業が成功して**上場する**(go public)と、株式は株式市場で自由に売買され、流通していき、さらに大きなスケールで資金調達をすることも可能になります。

▌entrepreneur　起業家

The tax incentive is intended to encourage **entrepreneurs** to start new businesses.
(その政策減税は、起業家たちに新ビジネスの立ち上げを促すことを意図している。)

▌stock certificate　株券

The firm announced that it would cease to issue physical **stock certificates** to its shareholders.
(その会社は株主に紙の株券の発行中止を発表した。)

▌go public　上場する

The software company **went public** at $20 a share last month, and its share price has more than doubled, closing Tuesday at $43.
(そのソフトウェア会社は先月1株20ドルで上場し、株価は火曜日の終値で2倍以上の43ドルをつけた。)

・incentive 誘因、インセンティブ　・intend 意図する　・encourage 促す
・cease やめる　・physical 物質の、実際の

POINT2 配当

株主は株式を保有することにより、権利や義務を同時に獲得します。代表的な**株主の権利**（stockholder's rights）に**配当をもらう権利**（rights to dividends）があります。会社が利益を上げたときは、その配分を配当という形で分けてもらえます。ただし、配当をするかどうかは、会社側が決めることであり、必ず配当をもらえるとは限りません。業績が悪くなると配当がなくなる（無配当）こともあります。

stockholder　株主

All **stockholders** have the right to receive dividends proportional to their participation in the capital.
（すべての株主には、資本参加と同じ比率の配当を受け取る権利がある。）

POINT3 株主有限責任の原則

株主の責任は、自分が出資した額に限られます（limited）。これを**株主有限責任の原則**（limited liability of stockholders）といいます。出資した額以上の責任を負わなくてよい（not liable）システムです。したがって、個人事業主のように、全財産が一気になくなってしまうということはありません。株主有限責任の原則により、出資者は事業の失敗を恐れずに出資することができますし、会社は広範囲の投資家から出資を受けることができます。

同時に、経営者が必ずしも会社の所有者である必要はないので**所有と経営の分離**（separation between ownership and management）という現象が起きます。株主が実際に会社の経営をする（run the business）わけではなく、経営は株主が選任し委託した**取締役**（directors）が行います。しかし、時として経営を担う取締役などが株主の利益に反する行動を取ることがあります。こうした状況を防止するためにも、優れた**コーポレートガバナンス**（corporate governance）のしくみを構築することが必要になってきます。

liable　責任を負う

Shareholders are not personally **liable** for the debts of corporations.

（株主は、会社の負債に個人的な責任を負わない。）

separation between ownership and management　所有と経営の分離

For small companies, the **separation between ownership and management** may not be feasible.
（小さな会社には所有と経営の分離は実現が難しいかもしれない。）

limited　限られる

An owner's liability is **limited** to the share they own in the company.
（所有者の責任は、彼らが会社に所有する株式に限られる。）

POINT 4　株式譲渡自由の原則

　株式の譲渡（transfer of stocks）は原則自由となっています。出資の払い戻しには応じられないのですが、株主が会社に出資した分を回収できるように、株式を自由に譲渡していいことになっています。株式会社においては所有と経営が分離しており、不特定多数の人に出資をしてもらい、株主になってもらっています。そのため、株主の個性は問題にならないと考えられています。つまり、株式の譲渡によって株主が変わっても会社の経営に影響はなく、会社は引き続き存続することができるため、株式の譲渡が認められています。ただし、無条件に株式の譲渡を認めると、会社経営にとって好ましくない者が経営に参加してくる可能性があり、株主のみならず会社の不利益にもなりかねません。そのため、会社は株式の譲渡を制限することもできます。

transfer stocks　株式を譲渡する

This account enables owners to **transfer stocks**, bonds and so on online.
（このアカウントによって所有者は株式、債券などをオンライン上で譲渡することができる。）

・proportional to 〜に比例した　・participation 参加　・feasible 実現可能な
・liability 責任　・enable 可能にする　・bond 債券

No. 8

コーポレートガバナンス
— corporate governance

　コーポレートガバナンス（corporate governance）とは、企業の不祥事や反倫理的行動が起きないように、経営体制を律し監督することで、日本語では「企業統治」と訳されることもあります。governance は govern（支配する）という動詞の名詞形です。株式会社の目的である**株主の富の最大化**（shareholder wealth maximization）を達成するために利害関係者の調整をするしくみとされています。

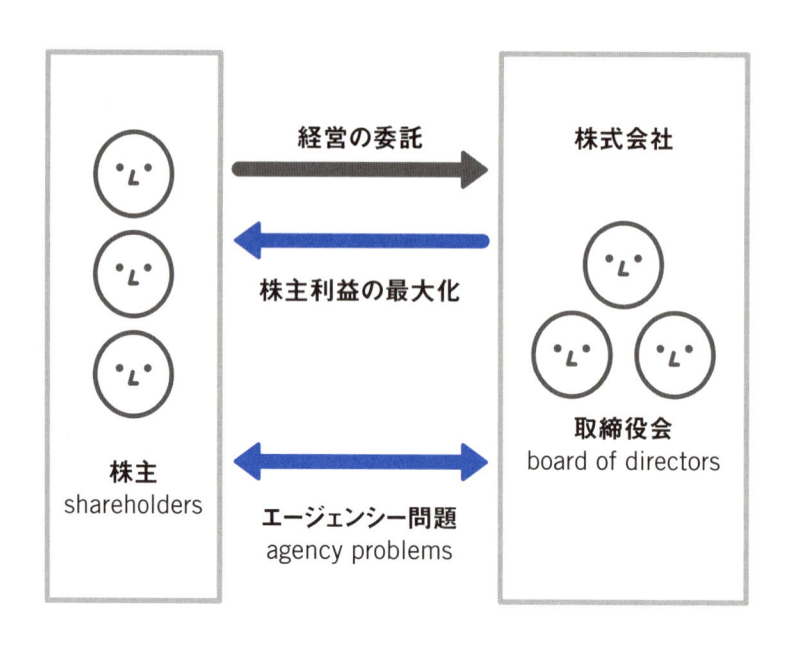

株主　shareholders　→（経営の委託）→　株式会社

株式会社　→（株主利益の最大化）→　株主

株主 ←→ 取締役会（board of directors）：エージェンシー問題（agency problems）

POINT1 株式会社の構造

これまでにも述べてきたように、株式会社では**所有**（ownership）と**経営**（management）が分離されています。株式会社の法的な（legal）所有者は、会社に出資をした株主です。しかしながら、株主は多数いますし、正しい経営判断をするに足る会社の情報を入手することも難しいため、効率的に経営を推進するために、経営は株主によって選任された**取締役**（directors）が行います。

取締役会（board of directors）は、一般的に取締役や監査役によって構成され、会社経営の重要方針を協議し決定します。取締役には、**社内取締役**（inside director）と**社外取締役**（outside director）がいますが、近年では、社外取締役が増加の傾向にあります。社外取締役は、その専門性や客観性から、経営陣の方針に対して率直で有意義な意見を提供する可能性が高く、その役割が注目されています。

▎director　取締役

Directors are elected by a majority vote of the shareholders.
（取締役は、株主の多数決によって選ばれる。）

▎board of directors　取締役会

The **board of directors** holds regular meetings to discuss company policies.
（取締役会は、会社の政策を議論するために定期的に会議を行う。）

▎outside director　社外取締役

Outside directors can contribute to monitoring corporate management.
（社外取締役は、会社の経営モニタリングに貢献することができる。）

・majority vote 多数決　・contribute 貢献する　・monitor モニターする、監視する

POINT2 エージェンシー問題

　所有と経営は分離したものの、**所有者**（owners）である**株主**（shareholders）と経営を任せられている取締役会、つまり**経営陣**（management）との間には、**利益の衝突**（conflicts of interests）という問題が出てきます。つまり、会社の利益を上げて株主に還元するという本来の**義務**（duty）を忘れ、経営陣が自らの利益の向上のために行動するという問題が出てくるのです。これを**エージェンシー問題**（agency problems）と呼びます。具体的な例としては、経営者が会社のお金を私的な支出や豪華な社用車の購入にあてたり、短期的には利益を上げることができ、自分の報酬アップが期待できるといった理由で、会社に将来リスクをもたらすような投資案を推進したりするケースなどです。

▌conflicts of interest　利益の衝突
We need to figure out the best way to avoid **conflicts of interest**.
（利益の衝突を避ける最善の方法を見つけなくてはいけない。）

▌duty　義務
Directors have a **duty** to supervise managers and employees.
（取締役は、マネージャーや従業員を監督する義務がある。）

POINT3 エージェンシー問題に対する施策

　コーポレートガバナンスの最大の課題は、エージェンシー問題の発生をどのように阻止し、また解決するかです。

　本人（principal）と**代理人**（agent）の間には、代理人契約は存在しますが、双方の利益が相反した場合の法的措置については契約に明文化されていないことが少なくありません。そのため、代理人である経営陣が、本人である株主の利益の最大化のために働くというという契約は、**信頼関係**（fiduciary relationship）によってのみ支えられているのであり、ここに脆弱性があると言うことができます。つまり、経営陣の倫理観と忠誠心によるところが多いのです。この点を補完するためには、経営陣の行動をより積極的に**モニタリング**（monitoring）す

る、経営陣と株主の利益が合致するような経営陣の**報酬**（compensation）プランや**インセンティブ**（incentives）を設定するなどの方法が有効だと考えられています。

▎principal　本人

Principals cannot acquire all the information possessed by agents.
（本人は、代理人が有するすべての情報を入手することはできない。）

▎fiduciary relationship　信頼関係

Managers must maintain a good **fiduciary relationship** with shareholders and act in their best interests.
（経営者は、株主と良好な信頼関係を維持し、株主の最大利益のために行動しなければならない。）

▎corporate governance　コーポレートガバナンス

An excellent system of **corporate governance** is necessary to maximize shareholder value.
（株主価値を最大化するには、優れたコーポレートガバナンスのしくみが必要だ。）

・figure out 見つける　・avoid 避ける　・supervise 監督する　・acquire 獲得する
・possess 所有する　・maximize 最大化する

デリバティブ（1） ―しくみ―
― derivatives

　デリバティブ（derivative）とは**金融派生商品**のことです。「由来する、派生する」という意味の動詞 derive の形容詞形・名詞形が derivative で、「派生した（もの）」という意味です。デリバティブは、文字どおり何かから派生してできたものですが、派生する「元になるもの」が存在します。この元になるものを**原資産**といいます。原資産は、英語では underlying assets といいます。underlie は、「根底をなす、根拠となる」という意味です。例えば原資産が証券の場合は、underlying securities ということもあります。

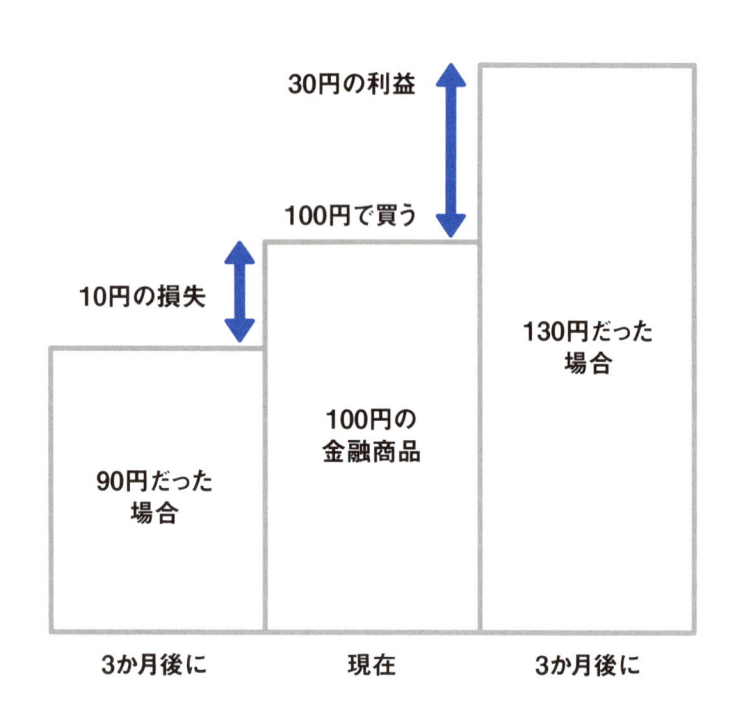

（図：現在100円の金融商品が、3か月後に90円だった場合は10円の損失、130円だった場合は30円の利益）

3か月後に　　　現在　　　3か月後に

POINT1 原資産

原資産の代表的な例には、**株式**（stock）、**債券**（bond）、**金利**（interest rate）、**通貨**（currency）、**コモディティ**（commodity）などがあります。原資産には、それぞれ市場が存在し、需要と供給により価格が決定されます。コモディティは、商品と訳され、私たちの生活に必要な小麦・大豆・とうもろこしなどの農産品や石油・石炭・天然ガスなどの燃料系、そして、金・銀・銅・プラチナなどの金属類があります。コモディティは、商品の規格や品質が厳密に規定されており、コモディティ市場でさかんに売買がなされています。

最近ではさまざまなデリバティブが開発され、原資産の種類も従来の伝統的な金融商品の枠を超えたものがいろいろ出現してきました。例としては、**天候デリバティブ**（weather derivative）や**エネルギー・デリバティブ**（energy derivative）、**クレジット・デリバティブ**（credit derivative）などがあります。

derivative　デリバティブ、金融派生商品

When **derivatives** are not used with adequate control, it can bring financial disaster to firms.
（適正な管理下でデリバティブを使用しない場合、会社に財政的な困難をもたらす可能性がある。）

underlying assets　原資産

A call option is in the money if the **underlying asset** is selling above the exercise price of the option.
（原資産がオプションの行使価格よりも高い価格で売れるときは、そのコールオプションは、イン・ザ・マネーにあるという。）

commodity　コモディティ

Africa plans to set up its first **commodity** exchange in the near future.
（アフリカは、大陸初のコモディティ取引所をまもなく設立する予定だ。）

・adequate 適切な　・disaster 困難、最悪の事態　・exercise price 行使価格

POINT2 デリバティブの特徴

　デリバティブの大きな特徴は、**リスクヘッジ**（risk hedge）といわれています。英語の hedge はもともと「生け垣」という意味で、そこから「生け垣を作る→直接の被害を受けないようにする」と意味が派生してきました。デリバティブでは、将来の取引価格を現時点で決めることができるので、価格変動リスクが大きいと思われるときにリスクを軽減することができます。

　例えば、円安傾向にあると予想されているときに3か月後に 10,000 ドルの支払いがあるとしましょう。現在、1ドルは 100 円ですが、3か月後には 110 円になっているかもしれません。そうなれば 100 円の時に比べて 10 万円多く代金を支払わなければならなくなります。ここで3か月後に1ドル 100 円でドルを買う為替予約をすると、円安になっていても為替による損失を免れることができます。

　原資産の株式などを直接取引しようとすると、資金もそれなりに準備しなければなりませんが、デリバティブを用いると、先物取引であれば保証金のような**証拠金**（margin）というものを払うことで大きい金額を動かさずに取引を行うことができます。証拠金は、ふつう現物取引よりも少ない額なので取引参加がしやすいため、デリバティブ市場は発展してきました。デリバティブの特徴として**レバレッジ効果**（leverage effect）が挙げられます。leverage は「てこ」の意味です。てこを使うと、小さな力で重いものを持ち上げられます。金融の文脈では、少ない資金で多額の取引をして利益を上げることができたときに「レバレッジ効果があった」と表現します。成功すれば少ない元手で多額の利益を上げることができますが、原資産の相場が思惑と逆の動きをすると損失も大きくなります。デリバティブは、**ハイリスク・ハイリターン**（high risk, high return）の性質を持っていますが、もともとは金利リスクや為替リスクなどをヘッジするために開発されたものです。原資産が持っているリスクを分解し、取引可能な商品に発展させたことでリスクヘッジの手段を皆が売買できるようになった意義は大きいといえます。

▍risk hedge　リスクヘッジ

From this fiscal year, the company is planning to employ various **risk hedge** instruments, since the foreign exchange risk has been the greatest threat to the profitability of the company.
（会社は、今年度よりいろいろなリスクヘッジの手段を利用する予定だ。外国為替のリスクが会社の収益性への最も大きな脅威となっているからである。）

▍margin　証拠金

An initial **margin** is required to guarantee that the investor will not walk away from the short position.
（投資家がショートポジションから逃げないことを保証するために、初回は証拠金が必要である。）

▍high risk, high return　ハイリスク・ハイリターン

Currency swap is a **high risk** investment when foreign exchange rates are unpredictable, but it will bring us back **high returns** if our forecast is in line with actual currency movements.
（為替レートの動向が読めないときの通貨スワップは、ハイリスクの投資だが、目論見が実勢と一致すればハイリターンをもたらす。）

・in line with 〜と一致して

デリバティブ（2） ―種類―
― types of derivatives

　企業は、日々変化する環境の中で事業活動を営んでいます。例えば、為替、金利、コモディティの値段などは絶えず変動しています。為替や金利の動きによっては、企業は損をすることも得をすることもありますが、将来どうなるかを現時点で確実に知ることはできません。**デリバティブ**は、このような将来の不確実性を少しでも軽減することができる有効な手段として、企業で幅広く用いられています。代表的なデリバティブの種類としては**先物取引**、**先渡し**、**オプション**、**スワップ**の4つがあります。その特徴を一つひとつ見ていきましょう。

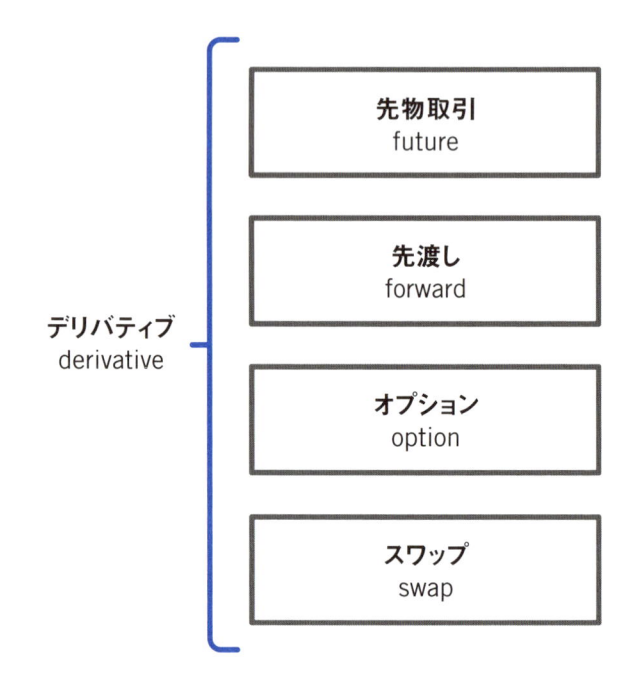

デリバティブ
derivative
- **先物取引** future
- **先渡し** forward
- **オプション** option
- **スワップ** swap

POINT1 先物取引

　将来のある時期にある一定の価格で資産を売買する契約を、**先物取引契約**（futures contract）といいます。原資産の種類により、**先物取引**の対象は、株式、債券、金利、通貨など多岐にわたります。先物は**公開取引所**で行われ、取引されている商品は厳密に規格化された（standardized）ものです。例えば、長期国債先物取引の場合なら、**売買単位**、**受渡期日**（delivery date）、**利率**、**残存期間**などの取引条件が細かく規定されています。先物取引に参加する投資家は、契約が不履行にならないよう将来の決済を担保する意味で、**証拠金**（margin money）を払わなければなりません。また先物取引では、現物とお金を実際に交換するわけではなく、**差金決済**（cash settlement）といって差額だけのやり取りで支払いを行うところに特徴があります。

futures contract　先物取引契約

Futures contracts obligate us to buy or sell a particular commodity at a particular price on a particular day.
（先物取引契約においては、ある特定の日にある特定の価格である特定のコモディティを売買しなくてはいけない。）

POINT2 先渡し

　先渡し（forward）は、将来のある時期にある一定の価格で資産を売買する契約である点では先物と同じです。違いは、先物取引が取引所のみで行われるのに対し、先渡し取引は**店頭取引**（over-the-counter）で行われるという点です。先物と違って先渡しは二者間の私的な相対取引なので、取引相手が債務不履行（default）となるリスクがあります。先渡しは、外国為替の取引でとても人気があり、為替予約は、商社など多くの企業で為替リスクヘッジに用いられています。先渡し契約を結ぶと、現在の為替レートではなく、予約為替レートで外貨を調達することができ、自社に有利な条件で支払い代金にあてることができます。

・oblige A to do　A に〜することを強いる

forward　先渡し

Since **forward** contracts are usually private contracts between the two parties, the delivery date can be any date convenient to both sides.
(先渡し契約は、通常二者間の私的な契約であるため、受渡日は両者に都合のいい日にすることができる。)

POINT3　オプション

　オプション (option) とは、原資産となる株や通貨などの金融資産を特定の期日内に特定の価格で売る、あるいは買う権利のことです。特定の価格のことを**行使価格** (exercise price または strike price) といいます。特定の期日のことを**行使日** (exercise date)、またはその日に権利も失効するので**満期日**ともいいます。オプションには2種類あり、買う権利を**コール・オプション** (call option)、売る権利を**プット・オプション** (put option) と呼びます。先物取引との大きな違いは、オプションの保有者は必ずしもこの権利は行使しなくてもよいということです。つまり権利を放棄することもできるのです。例えば、株価が上がりそうな気配のときに「2か月後にX社の株式を一株あたり500円で1,000株買うコール・オプション」を買ったとします。2か月以内にX社の株式が500円以上にならない場合は、このオプションは行使されませんが、X社の株式が700円に値上がりした場合は、一株あたり200円も市場価格より安く購入できるので、このオプションは行使されます。オプションは状況次第で権利を行使するか放棄するか、自分に有利になるように選ぶことができるので、無料で入手することはできず、オプションの価格である**オプション料** (option premium) を払わなければなりません。オプションを行使しない場合もオプション料は返金されないため、オプション料の分が損になるしくみです。

call option　コール・オプション

By buying a **call option**, we obtain the right to buy the stock. We pay cash upon purchase and hold the option as an asset.
(コール・オプションを購入すると、その株式を購入する権利を獲得する。

オプション購入時に現金で支払いをし、そのオプションは資産として保有する。)

POINT4 スワップ

スワップ（swap）は、「取引相手と支払いを交換する金融契約」と定義されます。主なスワップに**金利スワップ**（interest-rate swap）と**通貨スワップ**（currency swap）があります。

金利スワップは、同じ通貨の中で異なった種類の金利を交換する取引で、**変動金利**（floating rate）と**固定金利**（fixed rate）を交換するスワップが一般的です。金利スワップでは、金利の計算の元となる**想定元本**（notional amount）は契約上存在しますが、実際の取引は金利のみの交換であるのが特徴です。

通貨スワップは、異なる通貨間の**元利金**（principal and interest payments）のキャッシュフローを交換します。一般的な例では、日本企業が米ドル建ての社債を発行したときに、社債購入者から調達したドルを銀行との通貨スワップ契約による交換で日本円にし、日本国内でその調達した日本円を設備投資などに使うような手法が見受けられます。通貨スワップを用いると資金調達先も外国へと広がりますし、外国から調達した資金の為替リスクをヘッジし、日本円で資金調達したのと近い状態にすることができます。

▌interest-rate swap　金利スワップ

In most **interest-rate swap** agreements, the London Interbank Offer Rate（LIBOR）is used as the floating rate.
（金利スワップ契約の多くでは、LIBOR（ロンドン銀行間取引金利）が変動金利として使用される。）

・floating rate 変動金利

プラスα vocabulary ▶ ファイナンスをめぐる関連用語

· CEO (chief executive officer)	最高経営責任者
· CFO (chief financial officer)	最高財務責任者
· GNP (gross national product)	国民総生産
· NYSE (New York Stock Exchange)	ニューヨーク証券取引所
· NASDAQ (National Association of Securities Dealers Automated Quotations)	ナスダック
· yield	利回り
· counterpart	取引相手
· too big to fail, TBTF	大きすぎてつぶせない
· compliance	法令遵守
· sole proprietorship	個人事業主
· partnership	パートナーシップ
· moral hazard	モラルハザード
· credit crunch	貸し渋り

Chapter 2

資金の調達

　企業が成長するためには投資を繰り返していきます。新規事業への投資や設備投資などには、多額の資金が必要です。そんなとき、企業はどのように資金を調達するのでしょうか。自己資金で対応するのでしょうか。あるいは外部から調達するのでしょうか。外部から調達する場合は、負債による方法と株式による方法があります。この章では、資金調達の方法の特徴やそれぞれの調達コストの算出方法について学びます。

No. 11 資金調達
— finance

　企業は、先に見た投資活動や事業活動をするにあたり、必ず資金が必要になってきます。**資金需要**（cash requirements）には、一時的にいつもより大量の原材料を仕入れる場合や、納税・配当・賞与など、ある決まった時期にまとまった額が必要になる場合などの**短期的な**（short-term）資金需要と、工場建設にあたって土地や建物、機械などを購入する資金がいる場合の**長期的な**（long-term）資金需要があります。

　こうした資金需要があるとき、企業は資金を調達しなければなりません。資金は調達先により、内部資金と外部資金に分けられます。

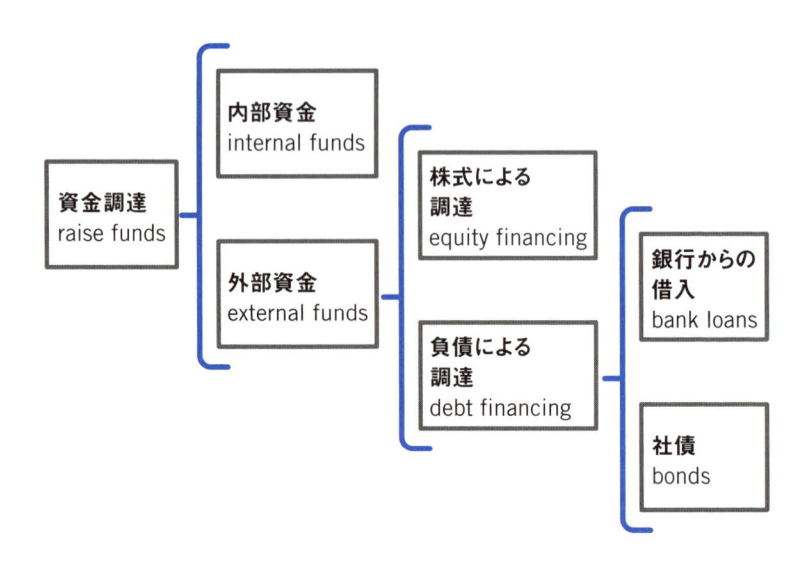

```
資金調達         ┬─ 内部資金 (internal funds)
raise funds      │
                 └─ 外部資金 (external funds) ┬─ 株式による調達 (equity financing)
                                              │
                                              └─ 負債による調達 (debt financing) ┬─ 銀行からの借入 (bank loans)
                                                                                  │
                                                                                  └─ 社債 (bonds)
```

POINT1 内部資金

内部資金（internal funds）とは、企業が事業活動によって内部で生み出したキャッシュのことです。つまり、回収した売上代金から仕入れ代や給料などの必要経費を払った後、配当をする前の内部に残る資金のことです。**内部資金調達**（internal financing）は、株式発行や金利などの調達コストもかからず、企業内部で使い道も比較的自由に考えることができる非常に有利な資金です。ただし売上が伸びなければ残る資金も少なくなりますし、どのくらい残るか**予想できない**（unpredictable）こともあります。必要な額が常にあるとは限らず、必要な資金を内部資金のみに頼るのは、現実的には難しいといえます。

▎cash requirements　資金需要

This loan is to meet the short-term **cash requirements** of small companies.
（このローンは零細企業の短期の資金需要に応えるためものだ。）

▎internal funds　内部資金

The company didn't have enough **internal funds** for the new project.
（その会社には新しいプロジェクトのための十分な内部資金がなかった。）

▎unpredictable　予測できない

The **unpredictable** evolution of the market leads companies to adopt conservative strategies.
（市場の予断を許さない展開のために、企業は保守的な戦略を採っている。）

・meet（要求などを）満たす　・adopt 採用する　・conservative 保守的な

POINT2　外部資金

　内部資金だけでは資金が足りないときには、企業の外部から調達する**外部資金**（external funds）が必要になってきます。

　外部資金は大きく分けて、**株式を発行する**（issue stocks）か**借りる**（borrow）かに分かれます。株式を発行する場合は、**エクイティファイナンス**（equity financing：株式による資金調達）といい、借り入れによる場合は、**デットファイナンス**（debt financing：負債による資金調達）といいます。デットファイナンスにはいろいろな種類がありますが、代表的なものとして**銀行からの借入金**（bank loans）と**社債**（bonds）があります。

▍external funds　外部資金

If a firm runs out of cash, it needs to raise **external funds** to continue operating.
（企業は、キャッシュが不足した場合は操業を続けるために外部資金を調達しなければならない。）

▍debt　借金、負債

It is said that the company is more than a million dollars in **debt**.
（その会社は100万ドル以上の負債を抱えていると言われている。）

POINT3　負債による調達と株式による調達

　資金調達の種類は、**貸借対照表**を見るとわかりやすいです。貸借対照表の左側の資産は**資金の運用**の状況を、右側の負債・純資産は**資金の調達**の方法を示しています。

　負債は、資金提供者に**利息**（interest）や**元本**（principal）を支払うなど、**返済**（repayment）が条件で、返済期限もあります。一方、株主からの資金には返済する義務はありません。その代わり、株主に**配当**（dividend）と**キャピタルゲイン**（capital gain）という形で還元しなければなりません。両者の違いを把握しながら**最適な**（optimal）資金調達をしていくことが大切となります。

資産	負債
流動資産	流動負債
	固定負債
固定資産	純資産
	資本金 利益剰余金

運用 ← → 調達

repayment　返済

Any delay in **repayment** of the loan affects your credit record.
（貸付金の返済の遅延は信用記録に影響します。）

optimal　最適の、最善の

They advise clients on the **optimal** financing strategy to meet their needs.
（彼らはクライアントに対し、ニーズを満たす最適の資金戦略のアドバイスを行っている。）

・run out of 〜が不足する　・operate 操業する　・delay 遅れ

株式による資金調達
— equity financing

　株式を発行して資金を調達する方法を**株式による資金調達（＝エクイティファイナンス）**と呼びます。エクイティは、英語では shareholders' equity と同義であり、**株主資本**を指します。（ファイナンスの場合、株主資本は貸借対照表の純資産に相当します。）

　エクイティファイナンスは、負債による調達の借入金や社債と違い、調達した資金の返済義務がないのが特徴です。エクイティファイナンスを実行すると資本が増強されるため、必然的に自己資本比率が高まり、企業の財務的健全性が高まります。

　エクイティファイナンスの種類を会社の一生とともに見ていきましょう。

起業：会社の設立
to establish a company

⬇

ベンチャー・キャピタルによる出資
financed by venture capital

⬇

株式公開による資金調達
equity financing

⬇

増資
capital increase

POINT1 ベンチャーキャピタル

会社を設立するときは、多くの場合、**起業家**（entrepreneur）本人が自分の資金を**資本金**（capital）として会社に出資します。設立して間もない会社は知名度が低く信用力もないことから、銀行から融資を受けるのが難しいのです。それでも事業を拡大し会社を成長させるためには資金が必要です。

そんな時、リスクを承知で小さな会社の可能性にかけて資金提供をしてくれるのが**ベンチャーキャピタル**（venture capital）です。ベンチャーキャピタルによる出資は、先の見えない事業への投資なのでかなりのハイリスクといえます。しかし同時に、それはハイリターンでもあります。事業が成功すればベンチャー企業を大手企業に売却したり、その企業を上場させたりすることができます。そのようにしてベンチャーキャピタルは大きいリターンを得ることができるのです。

capital　資本（金）

The bank was incorporated in 1930 with a **capital** of four million dollars.
（その銀行は 1930 年に 400 万ドルの資本金で法人化された。）

venture capital　ベンチャーキャピタル

The amount of **venture capital** investment in Japan is low compared to that of the US.
（日本のベンチャーキャピタル投資額は米国に比べ規模が小さい。）

POINT2 株式公開

会社を成長させようと思えば、設備投資をしたり、事業を拡大したりしなければなりませんが、それにはそれなりの資金が必要になります。そこで、企業にとって**株式公開**（Initial Public Offering：IPO）が大きな目標となります。株式公開とは、今まで創業者や特定の企業

・incorporate 法人化する　・compared to 〜と比べて

関係者しか保有していなかった株式を、証券市場で売買できるようにすることをいいます。具体的には、証券取引所へ上場します。「**上場する**」は、英語では go public（＝公開する）や get listed（＝リストに載る）などといいます。不特定多数の投資家が株式を購入できるようになり、企業は多額の資金を調達することが可能になります。

上場すると、企業の知名度や信用度が一気に高まり、取引や借り入れが円滑に進むというメリットがある反面、投資家に対して事業活動についての**説明義務**（accountability）が生じ、企業のいろいろな情報を開示する必要が出てきて新たなコストが増えるというデメリットもあります。

initial public offering　株式公開

In December 2014, the company completed a successful **initial public offering** that raised twenty million dollars.
（2014年12月、その会社は株式公開を成功裏に果たし2000万ドルを調達した。）

accountability　説明義務

The information in this report demonstrates **accountability** to investors.
（この報告書の内容は投資家への説明義務を果たしている。）

POINT3　増資

会社設立後に、新たに株式を発行して資金を調達することを**増資**（capital increase）といいます。**既存株主**（existing shareholders）だけでなく広く一般の投資家を対象として募集を行い、新株を発行する形態を**公募増資**（public offering）と呼びます。既存株主以外の第三者から資金を拠出してもらうため、発行済み株式数が増加し、既存株主の持分比率が低下します。したがって、既存株主に対して、一株あたりの価値が低下してもなお増資することが彼らの利益になることを説明する必要が出てきます。

一方、広く一般投資家に向けてではなく、既存株主に対して持ち株数に応じて新しい株を購入する権利を与えることを**株主割当増資**（rights issue）といいます。増資後の株主構成が大きく変わることがないの

で株主の賛同も得やすく、昨今奨励されている手法です。既存株主は、いきなり株式を与えられるのではなく、ある期日までに新株を購入する権利を付与されます。この権利はオプションなので、増資に応じるか否かは株主自身が決めることができます。企業側は、新しい株の予約権に対して何株の普通株式を発行するかを決めることができ、フレキシブルな資金調達としてメリットがありますが、増資完了まで時間がかかってしまうのが難点と言われています。

capital increase　増資

The **capital increase** plan hit a setback due to a drop in stock prices.
（増資計画は株価の下落によって頓挫した。）

rights issue　株主割当増資

Increasing capital through a **rights issue** will not bring about a major change to the composition of shareholders.
（株主割当増資は、増資後も株主構成に大きな変化をもたらさない。）

existing shareholders　既存株主

A public offering causes a decrease in the percentage of shares held by **existing shareholders**.
（公募増資は既存株主の持ち株比率の低下を招く。）

・setback 挫折、失敗　・bring about 〜をもたらす　・composition 構成

デットファイナンス(1) —借入金—
— debt financing: loan

　負債による調達を**デットファイナンス**（debt financing）と呼び、主に**借入金**（loan）や**社債**（corporate bond）による調達を指します。ここでは借入金による資金調達について見ていきましょう。

　負債コストの章でも述べますが、借入金や社債は、**支払利息**（interest expense）という目に見えるコストを生みますが、支払利息の分だけ利益が減ることからその分税金が少なくなるというメリットもあります。借入金や社債のように支払利息を生じる負債を**有利子負債**（interest-bearing debt）と呼びます。また、デットファイナンスは、借入企業に一定の返済能力が認められれば、株式による資金調達よりも迅速に資金を入手することができます。こうした**節税効果**（tax shield）や利便性を考慮すると、エクイティファイナンスよりも資金調達のコストは低いと一般的に考えられています。

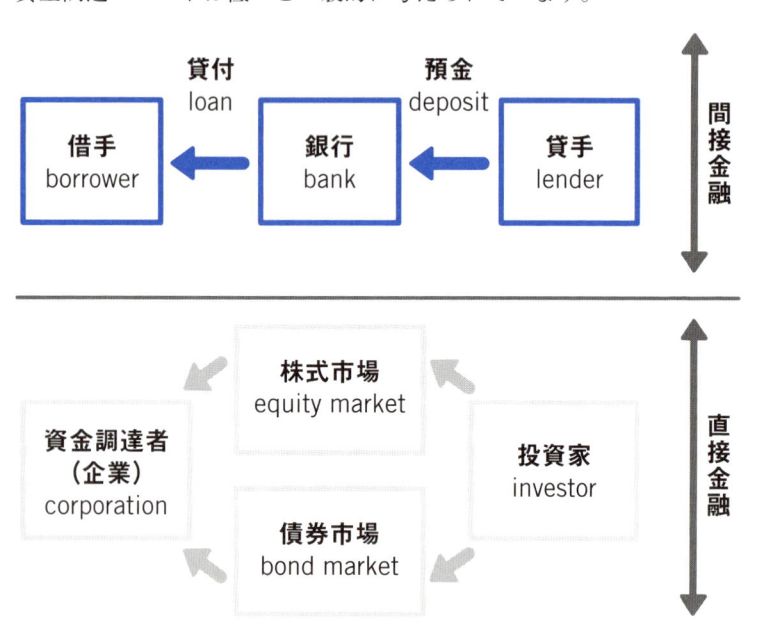

間接金融：
貸手 lender → （預金 deposit）→ 銀行 bank → （貸付 loan）→ 借手 borrower

直接金融：
資金調達者（企業） corporation ⇄ 株式市場 equity market / 債券市場 bond market ⇄ 投資家 investor

POINT1 借入金による調達は間接金融

借入金は、**保険会社**（insurance companies）などから借りることもありますが、企業のもっとも一般的な借入先は銀行です。銀行は、預金者からお金を集めてそれを元手としてお金を借りたい個人や企業に融資します。銀行が預金者と借手の間に入って仲介をしていることから、これを**間接金融**（indirect financing）と呼びます。これに対して、社債や株式などを発行して企業が資本市場から直接資金を調達する形式を**直接金融**（direct financing）と呼びます。

日本はアメリカに比べ、歴史的に間接金融の割合が多い国です。日本では、企業はメインバンクを持つことが多いからです。企業は、基本的にメインバンクからの借入額が一番多く、メインバンクと長期的に密接な関係を築いています。経営に関するさまざまな情報を入手したり、株式を持ち合ったり、時には人材が企業と銀行を行ったり来たりすることもあります。企業が経営難に陥ると、銀行はすぐに援助を断ち切るというわけではありませんが、ローン回収のために経営陣に加わり、経営に介入してくるケースもあります。

ただ、バブル崩壊以後は、メインバンク制度も薄れています。銀行自身が不良債権で危機に陥ったために銀行からお金を借りることが難しくなったことや、直接金融市場が発展してきたことから、直接金融へのシフトが進んでいます。

▌direct financing / indirect financing　直接金融／間接金融

The growth of the capital market has stimulated a shift from **indirect financing** to **direct financing**.
（資本市場の成長は、間接金融から直接金融への移行を促した。）

▌short-term debt / long-term debt　短期借入金／長期借入金

Converting some **short-term debts** into **long-term debts** helped improve the financial position of the company.
（短期借入金の一部を長期借入金にシフトすることで財政状態は若干改善した。）

・stimulate 刺激する　・shift 移行

POINT2 借入の条件

　企業は、定期的に利息を払い、そして元本を払うという条件でお金を借ります。借入期間が一年以内のものを**短期借入金**（short-term debt）といいます。賞与を払うときなど、一時的な資金需要に用います。また、借入期間が一年超のものを**長期借入金**（long-term debt）と呼び、何年もかかる工場建設のための費用や、多額の機械設備などを購入する資金にあてます。

　銀行借入をする場合、資金調達担当者は借入を短期借入でするか長期借入でするかという点に加え、金利の種類についても検討します。

　開始から契約終了まで金利が変化しない**固定金利**（fixed interest rate）で借りるのか、金融情勢により定期的に金利が変わる**変動金利**（variable interest rate）で借りるのかを考えなければいけません。また、例えば、グローバル展開して工場をアメリカに建設する予定のある企業なら、円貨ではなく米ドルなどの外貨で借りたほうがいいのではないかという議論も出てくるでしょう。外貨建てローンは、為替変動の影響を大きく受けますが、昨今では**金融派生商品**（derivatives → 42ページ）が発達していますので、例えば返済時の為替レートを予約して**為替リスク**（foreign exchange risk）を許容レベルにまで**回避する**（hedge）といった対策を打つことができます。

▎fixed rate / variable rate　固定金利／変動金利

An increasing number of borrowers are switching their **variable rate** mortgages over to **fixed rate** ones.
（変動金利の住宅ローンを固定金利で借り替える顧客が増加している。）

▎hedge　回避する

Hedging foreign exchange risks costs money, but it also limits the amount of possible losses.
（為替リスクの回避はコストが伴うが、損失の限定も可能にする。）

POINT3 信用リスク

　企業への融資の返済期間が長い場合や、もともと財務体質の弱い客先に融資をする場合、銀行にはローンをすべて回収できないリスクがあります。これを**信用リスク**（credit risk）と呼びます。いかに信用リスクを管理するかは、銀行にとって重要な課題です。そのため、銀行は、全額回収できるように**担保**（collateral）の設定を要求することがあります。借手が**支払い不能**（default）になったとき、借入人は担保を差し出さなくてはいけません。銀行はこの担保を売却し、融資の回収にあてます。

▌credit risk　信用リスク

A variety of mathematical models have been developed in order to evaluate **credit risk**.
（信用リスクの評価のために、さまざまな数理モデルが開発された。）

▌default　支払い不能、デフォルト

The overall rate of company **defaults** has been decreasing in recent years.
（企業のデフォルト率は、近年、全体的に低下局面にある。）

・mortgage 住宅ローン　・mathematical 数学の　・evaluate 評価する　・overall 全体的な

デットファイナンス(2) ―社債―
― debt financing: bond

　直接金融の代表的な形態が**社債**（corporate bond）発行です。企業は、資金調達の一方法として社債を発行し、投資家に購入してもらいます。投資家は、購入時点で社債の購入代金を全額払います。

　社債購入者は、投資の見返りとして、多くの場合半期ごとの決まった日に利息を受け取ります。そして社債の**満期日**（maturity date）に**元本**（principal）を社債を発行した企業から一括返済してもらいます。

　最近では、有価証券の電子化が進んでいますが、以前は券面を発行したときに一緒にクーポンと呼ばれる利札がついていたので、利息のことを**クーポンレート**（coupon rate）ということがあります。

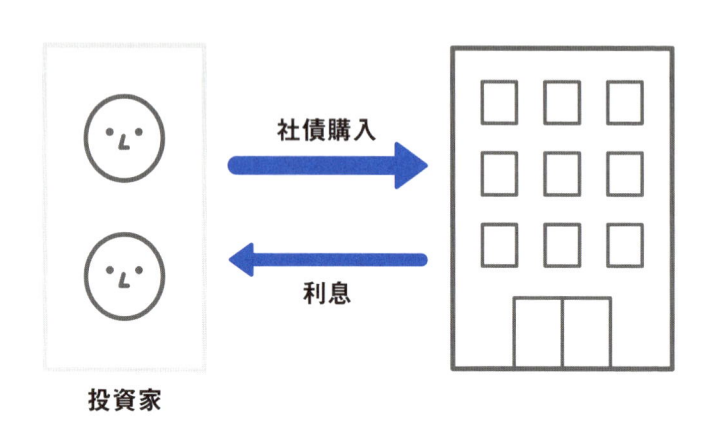

POINT1 社債の特徴

　企業にとっての社債のメリットは、長期間にわたって巨額な資金を調達できることです。社債の大きな特徴は、株式と同じように流通市場があることです。社債には、取引できる**債券市場**（bond market）があり、売買が可能になっています。不特定多数の人から資金を集めることができるのはよいのですが、証券会社などの**引受人**（underwriters）を通じて売ることが多く、その準備をしたり、発行までに時間やコストがかかったりという手間を要する側面もあります。

▌bond market　債券市場

Generally speaking, the **bond market** is divided between the primary market and the secondary market.
（債券市場は大きく発行市場と流通市場に分かれる。）

▌underwriter　引受人

Only firms that have been approved by the prime minister are eligible to become **underwriters** of corporate bonds.
（社債の引受人になれるのは、内閣総理大臣の認可を受けた会社に限られる。）

POINT2 格付け

　投資家にとって、自分が投資した元本がきちんと満期日に返済されるか、投資の魅力ともいえる定期的なクーポンの支払いがあるかは、重要な関心事です。リスクの高い企業が発行する社債なら、投資家はそれを埋め合わせる高い利息を要求します。投資家はふつう、**格付け**（rating）を参考にして投資対象を選びます。企業も社債を公募する際には格付けを取得していることが前提となります。格付けは、**格付け機関**（rating agencies）と呼ばれる機関がその企業の収益力やリスクや経営計画などいろいろな要素を分析し評価して、決定します。世界で有名な格付け機関には、Moody's や Standard & Poor's Corporation な

・generally speaking 一般的に　・primary market 発行市場　・second market 流通市場
・approve 認可する、承認する　・eligible 資格のある

どがあります。格付けは、企業の社債の利息と元本の支払能力を表し、AA、BB+などのアルファベットや算数字で表されます。アルファベットがAにいくほど、または＋や数字が多いほど格付けは高く、**債務不履行の可能性**（probabilities of default）は低くなります。格付けの高い企業は、信用力が高いということになり、低いクーポンレート（＝金利）で社債を発行することができます。

▍rating　格付け

Bonds with strong credit **ratings** of BBB and above are considered investment-grade bonds.
（トリプルB以上の格付けの高い債券を投資適格債という。）

▍rating agency　格付け機関

There is a growing global trend towards imposing stricter regulations for **rating agencies**.
（格付け機関に対する規制を強化する傾向が世界的に強まっている。）

POINT3　社債の種類

　社債は利子の受け取り方により、**割引債**（discount bond）と**利付債**（interest-bearing bond）に分かれます。割引債は利子の支払いはありませんが、社債購入時に額面より低い金額で購入し、満期時には額面金額の支払いを受けることができます。したがって、額面金額と購入金額の差額が利子の代わりとなります。一方、利付債にはその名の通り利子がつき、満期まで定期的に利子が支払われます。

　また社債を担保の有無で分類すると、**無担保社債**（debenture）と**担保付社債**（secured bond）の2つとなります。無担保社債は債務不履行に陥っても担保の設定がないため弁済されず、元利の支払いは社債発行者の信用力に委ねられます。

▍discount bond　割引債

There is no actual coupon for a **discount bond**, which is why it is also called a zero-coupon bond.
（割引債はクーポンによる支払いがなく、ゼロクーポン債とも呼ばれる。）

interest-bearing bond　利付債

The secondary market prices of discount bonds and **interest-bearing bonds** are usually different than their face values.
（割引債も利付債も流通市場での価格は、通常額面価額と異なっている。）

debenture　無担保社債

Companies occasionally redeem their **debentures** before the maturity date to mitigate the burden of interest payments.
（利息支払の負担を軽減するために、時には、満期日前に無担保社債を償還する会社もある。）

POINT4　社債の発行方法

　また、企業は社債の額面にかかれた額面価額とは別に、発行価額（issue price）を決めることができます。額面金額と発行価額の差に応じて3種類の発行の方法があります。

①平価発行（issue at par）　　　：額面金額と発行価額が同じ
②打歩発行（issue at a premium）：発行価額が額面価額より高い
③割引発行（issue at a discount）：発行価額が額面価額より低い

　どの発行タイプになるかは、多くの場合、社債発行時の金利の趨勢によって決まります。ただし、ディスカウント発行だからといって、その企業の信用力が低いという意味ではありません。社債を購入してもらうために、社債の表面利率が市場金利よりも低い、または高い部分を補おうという目的なのです。

issue at par (value)　平価発行する

Y Company **issued** a ¥50,000,000 of 3%, 10-year bonds payable on January 1, 2017, **at par value**.
（Y社は、2017年の1月1日に年率3％、借入期間10年にて額面50,000,000円の社債を平価発行した。）

・regulation 規制　・face value 額面価格

No. 15

負債コスト
— cost of debt

　負債コスト（cost of debt）とは、その負債を調達するためにどのくらいかかったかということです。銀行ローンの場合は銀行に払う**金利**（interest rate）となり、社債の場合は社債購入者に払う**クーポンレート**（coupon rate）となります。

　貸し手のほうから見ると、これだけ資金を貸したのだから見返りとして**期待リターン**（expected return）の金利が欲しいということになります。つまり、企業にとっての金利コストは、投資家にとってはリターンとなります。

　企業は、借入の契約を結んだ時点で、例えば5％の金利分を銀行に対して約束したことになります。銀行にすれば、5％の金利を稼げると思ったから数ある投資案件の中からこの企業に投資する、つまりお金を貸すことに決めたわけです。予定の金利が回収できないのなら、この企業に融資する銀行のメリットはなくなってしまいます。

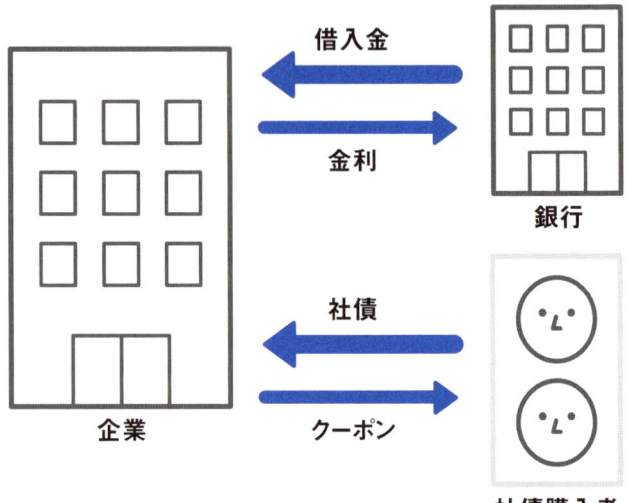

POINT1 ローリスク・ローリターン

　企業にとっての負債コストは、銀行などの資金提供者にとってはリターンとなります。**デットファイナンス**（debt financing）は、投資家から見ると**ローリスク・ローリターン**（low risk, low return）であるといわれます。企業が安定して業績を上げていれば、約束していた金利や元本の返済を確実に履行してもらえます。仮に企業が**経営難**（financial distress）に陥り倒産したとしても、残余財産は株主への配分よりも優先的に借入金の返済にあてられることになっています。このように返済の**確実性**（certainty）が高いのでリスクは低いということができます。一方で、企業の業績が好調になっても取り決めた利息分以上の支払いを受けることはできないので、ローリターンとされます。

　企業側から見ると、銀行からの融資を受けるにあたっては経営者の人物像や**財務状況**（financial situation）などに関する厳しい審査を受けて**与信**（credit）が決まりますが、一度資金を借りさえすれば、約束を守り、金利をきちんと返済していれば、**経営方針**（management policy）に関して株主のように債権者がいろいろと干渉してくることも少ないです。それゆえ、一般的にデットファイナンスの方がエクイティファイナンスよりも企業にとってはコストが安いというメリットがあります。

▍debt financing　デットファイナンス

With our corporate bond rating upgraded, we were able to obtain better terms and conditions of **debt financing** from our bond holders.
（我が社は社債の格付けが向上し、債権保有者のデットファイナンスの環境が改善した。）

▍credit　与信、信用

A rigorous **credit** check is conducted when you begin the loan application process.
（ローンの申請手続きを始めると、厳しい与信調査が行われる。）

・upgrade 格上げする　・terms and conditions 取引条件　・rigorous 厳しい
・conduct 行う

POINT2 負債の節税効果

　資金調達の方法としてエクイティファイナンスを選ぶと、株主に期間内にお金を返済する義務が存在しないため、デットファイナンスよりも有利なように見えました。しかし実際には、負債による資金調達には、**節税効果**（tax shield）という税法上の恩典 tax benefit があります。下の例で具体的に確認していきましょう。

　借入金がない A 社と借入金 5,000 万円（金利 10％）のある B 社を比較します。営業利益は同じでも、B 社には借入金という負債がある分、支払利息を年間 5 百万円払わなければならないため、負債のない A 社より 2 百万円だけ税金費用が安くなっているのがわかります。これは、B 社は支払利息を払うため、会計上の税引前利益が A 社より 5 百万円だけ少なくなっているからです。税金費用の計算の際にも支払利息は、税金対象の所得（taxable income）から控除することができます（tax deductible）。このように、支払った利息の分だけ税金費用が減少することを**負債の節税効果**と呼びます。

　借入金があると、支払利息という費用が発生するので会計上の最終利益は少なくなりますが、実際にキャッシュとして会社から出て行く税金費用が少なくてすむので、その分、節約できたキャッシュを他の用途に用いることができるのです。

（単位：百万円）

	Firm A	Firm B	
営業利益	50	50	
支払利息	0	5	
税引前利益	50	45	
法人税等（40％）	20	18	▲ 2 の節税
当期純利益	30	27	

　ただし、業績が悪くなると支払利息そのものの負担が利益を圧迫し、当期純利益が減少してしまいます。その結果、株価の低迷を招いたり、企業の**信用力**（creditworthiness）が落ちたりといった問題が生じます。借入を増やせば必ず得をするというものでもなく、最適な負債比率 debt to equity ratio を見つける必要があります。

▌tax shield　節税効果

The company is currently considered at risk of bankruptcy risk instead of having a **tax shield** benefit, because its debt to equity ratio showed a sudden rise.
（この会社は現在、負債比率が急上昇しているため、負債の節税効果よりも倒産のリスクが懸念される。）

▌creditworthiness　信用力

The huge amount of debt negatively affected the firm's **creditworthiness**.
（巨額の借金はその会社の信用力に悪影響を与えた。）

・negatively 否定的に、マイナスに

株主資本コスト
―― cost of equity

　企業にとっての**株主資本コスト**（cost of equity）は、株式を購入した投資家から見ればその株式に期待するリターン（expected rate of return）のことで、「ほかの株式への投資をあきらめてこの株式に資金を投じるのだから、最低このくらいのリターンは欲しい」という収益率の目安です。

　株主資本コストは、負債コストの**支払金利**（interest expense）のように例えば利率5％といった形で決まっているものではないため、把握しにくく、管理が難しいといえます。株主により要求レベルも資金の拠出額も違いますし、すべての株主を満足させるリターンを提供するのは理論的に無理があるからです。ただし、株主がリターンに満足せず、この企業は投資に値しないと思えば、その株式を売却して違う企業に投資するといった行動に出るでしょう。その結果、この企業の株価が低迷し、株式市場の中での評判が下がったりプレゼンスが小さくなったりする可能性も否めません。このため、企業にとって株主資本コストの管理についての戦略を持つことは、大変重要な課題になっています。

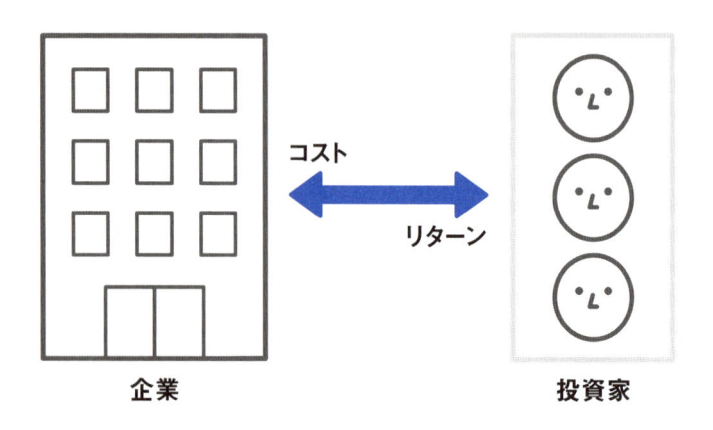

企業　←コスト／リターン→　投資家

POINT1 株主資本コストの求め方

株主資本コストの求め方にはいろいろな方法がありますが、**CAPM**（キャップエム）と呼ばれるモデルにより算出する方法を説明します。CAPM は、capital asset pricing model の頭文字をとったもので、日本語では資本資産評価モデルといいます。CAPM は、ノーベル経済学賞を受賞したシャープが提唱した理論です。

CAPM による株主資本コストの計算式は次のようになります。

株主資本コスト ＝ リスクフリーレート ＋ リスクプレミアム
(cost of equity)　　　(risk-free rate)　　　　(risk premium)

リスクプレミアムはさらに2つの要素に分解されます。

リスクプレミアム ＝ β（ベータ）× マーケットリスク・プレミアム
(risk premium)　　　　　　　　　　(market risk premium)

それぞれの要素について見ていきましょう。

■ CAPM　キャップエム（資本資産評価モデル）

One of the assumptions of **CAPM** is that investors choose a portfolio of stocks that offers the highest expected rate of return with a level of risk they can allow for.
（CAPM の前提の一つに、投資家は、最も高いリターンを提供してくれ、リスクが許容範囲に収まる株式のポートフォリオを選ぶということがある。）

POINT2 リスクフリーレート

リスクフリーレート（risk-free rate）とは、「実質的にリスクがゼロのレート」という意味で、**リスクのない資産**（risk-free assets）への投資から得られるリターンのことです。一般的には国が発行する債券である**国債**（government bond）の利回りが該当します。国が提供

・assumption 前提、仮定　・portfolio ポートフォリオ（投資資産構成）

する投資商品なので、元本および利息の支払いを国が保証してくれます。国が破綻する（default）ことはまれですから、自分が期待しているリターンが高い確率で得られることになります。ファイナンスの世界では、国債は期待しているリターンが得られる確率が非常に高く、100％に近いと考えられています。

risk-free rate　リスクフリーレート

We commonly use the long-term interest rate of government bonds as the **risk-free rate** because the return is guaranteed by the government.
（リターンが政府により保証されているため、通常リスクフリーレートとして長期国債の金利を使用する。）

POINT3　ベータ

　ベータ（＝ β：beta）は、一種の**リスク指数**（an index of risk）のようなものです。自分が今投資しようとしているある株式が、株式市場の全体の動き（the market portfolio）にどのくらい連動しているかを数値化したものです。株式市場の動きとしては、ニュースでよく耳にする東証株価指数TOPIXなどがこれにあたります。

　β（ベータ）は数字で表され企業によって β の値は異なります。β は、株式市場の動きに変動が生じたとき、ある株式がその変動にどのくらい反応するか、その**感応度**（sensitivity）を示しています。株式市場の動きとほとんど同じ動きをする株式の場合は、β が1と定義づけられています。

　$\beta > 1$（β が1より大きい）のときは、その株式は、株式市場全体の動きよりも大きい値動きをします。よってリスクもリターンも大きいとされます。反対に、$\beta < 1$（β が1より小さい）のときは、その株式は、株式市場全体の動きよりも小さい値動きをします。よってリスクもリターンも小さいとされます。

beta ベータ

If the **beta** is -1, it means that the stock has an inverse correlation with the market portfolio.
(ベータが −1 のとき、その株式は株式市場全体の動きとまったく反対の動きをする。)

POINT4 マーケットリスク・プレミアム

マーケットリスク・プレミアム（market risk premium）は、株式市場全体（the market portfolio）のリターンであるマーケット期待リターン（the market's expected return）とリスクフリーレート（risk-free rate）の差で求められます。マーケットリスク・プレミアムは、株式市場全体のリスクを反映しており、リスクが高ければリスクを埋め合わせる意味でその分マーケットリターンも高くなります。

βにマーケットリスクプレミアムを乗じたものをリスクプレミアムと呼びます。これは、リスクフリーレートに甘んじず、リスクを取ることで獲得する報酬の意味合いがあります。

market risk premium マーケットリスク・プレミアム

Market risk premium is defined as the difference between the market portfolio's expected rate of return and the risk-free rate.
(マーケットリスク・プレミアムは、マーケットリターンとリスクフリーレートとの差だと定義される。)

・commonly 一般に、通常　・guarantee 保証する　・inverse 反対の　・correlation 相関

No. 17

資本コスト
— cost of capital

　資本（capital）とは、企業が事業を行う際の元手となる資金のことです。資本主義社会では無償で手に入るものは少なく、資本を手に入れるのにもコストがかかります。企業が資本を調達するのにかかったコストを**資本コスト**（cost of capital）といいます。

　資本コストは、**機会費用**（opportunity cost）です。機会費用とは、ファイナンスの場合、この企業に投資を決めたことであきらめなくてはいけなくなったが、別の企業に投資していた場合に得られたであろうリターンのことです。企業側は、投資家が逸失した投資機会を埋め合わせるだけのリターンを提供しなければいけなくなり、もしそれができない場合は、投資家は、別の投資対象へと移っていってしまいます。

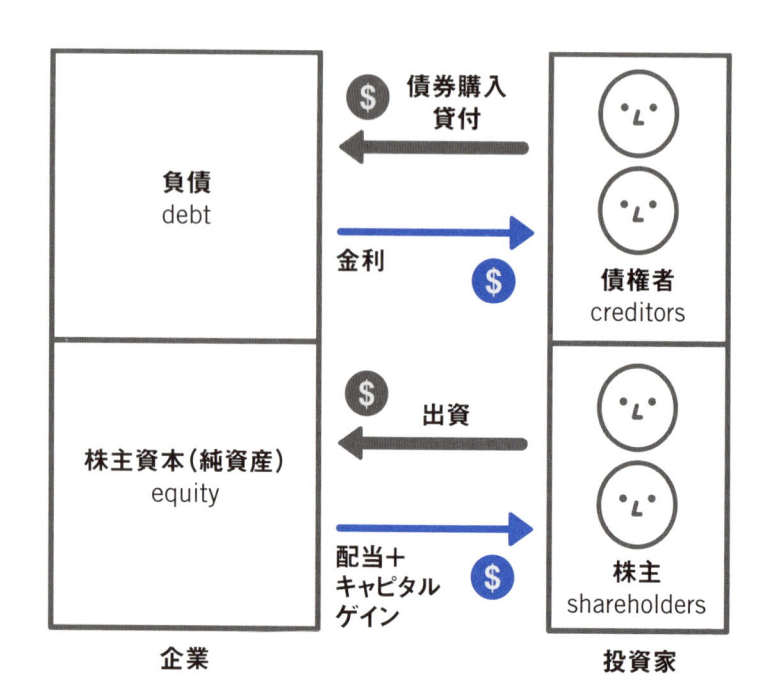

```
┌─────────────┐                    ┌───────┐
│             │   $  債券購入       │  ☺    │
│   負債      │  ←──  貸付         │       │
│   debt      │                    │  ☺    │
│             │   金利  $  ──→     │ 債権者 │
│             │                    │creditors│
├─────────────┤                    ├───────┤
│             │   $    出資        │  ☺    │
│ 株主資本     │  ←───              │       │
│ (純資産)    │                    │  ☺    │
│  equity     │ 配当＋              │       │
│             │ キャピタル $ ──→    │ 株主   │
│             │ ゲイン              │shareholders│
└─────────────┘                    └───────┘
   企業                                投資家
```

POINT1 2つの資金調達の方法

資金調達の方法には、これまで見てきたように**負債による調達**（debt financing）と**株主からの調達**（equity financing）の2種類があります。負債による調達コストは金利のコストとなります。株主からの調達コストは、株主が企業に対して期待する収益率であり、具体的には［リスクフリーレート＋β（ベータ）×マーケットリスク・プレミアム］という式で表すことができました（→73ページ）。資本コストは、この2つの資金調達コストを合わせた総合的なコストです。そして同時に、資本コストは、銀行などの**債権保有者**（debt holder）と**株主**（equity holder）という2つの投資家から見れば、企業に投資することで何％のリターンを得たいかを表しています。

■ opportunity cost　機会費用

Opportunity cost is the benefit or opportunity foregone as a result of not choosing next best investment.
（機会費用とは、2番目によい投資対象を選択しなかったことにより失った便益または機会である。）

■ cost of capital　資本コスト

Cost of capital, expressed as a percentage, is the expected rate of return that investors require for a particular investment.
（資本コストは、パーセンテージで表記され、投資家がある特定の投資に期待するリターンである。）

POINT2 資本コストの求め方

資本コストは、2つの調達コストである**負債コスト**（cost of debt）と**株主資本コスト**（cost of equity）を加重平均して求めます。**加重平均資本コスト**は、英語で weighted average cost of capital といい、通常頭文字を取って **WACC** と表します（日本語でも「ワック」

・forego なしで済ます　・next best 次善の

と呼ばれます）。

　資本コストを求めるときには、**負債**（debt）と**株主資本**（equity）の額が必要となりますが、賃借対照表にある負債と株主資本の**簿価**（book value）ではなく**時価**（market value）を使用することになっています。時価とは、市場で売買されている価格のことで、仮に今、同じものを市場で購入したらいくらになるかということです。

　負債の時価は、本来的には、現時点でこの借入をしたとしたらどのくらいの金利がかかるかをベースに考えるものです。企業が持っている借入金は、貸借対照表の日と同じ日に開始したということはまれで、普通は、それ以前の過去のある時点で借入を行っています。時間がたつにつれて金利が変化した場合は、本来であればそれを考慮して現時点での正しい金利コストを把握すべきですが、実際には変動が小さいため、多くの場合、簡便的に負債の時価は、簿価で代用します。また、負債コストを考えるときの負債は、貸借対照表にあるすべての負債項目ではなく、あくまでもデットファイナンスで生じた負債を指します。通常、金利がコストとしてかかるので、有利子負債（interest-bearing debt）と呼ばれることもあります。

　株主資本コストの時価は、上場企業の場合は、現時点で株式市場でついている株価に発行済株式数をかけて算出します。これを、別名**株式時価総額**（market capitalization）といいます。

　これらをまとめるとWACC（加重平均資本コスト）は、以下の式で表されます。

$$\text{WACC} = \frac{D}{D+E} \times 負債コスト \times (1-T) + \frac{E}{D+E} \times 株主資本コスト$$

D：負債時価　　E：株主資本時価　　（1－T）：1－法人税率

　（1－T）とあるのは、先に説明したように、負債による調達の場合は支払利息の分だけ税引前利益が減少するので、その分所得にかかる法人税が少なくて済むという**節税効果**（tax shield）を表しています。例えば40％の法人税率であれば、負債はその分節約できるので100％から40％を差し引き、負債コストとしては60％となるという意味です。負債コストは after-tax cost of debt ということもあります。

WACC　加重平均資本コスト

To calculate **WACC**, we use weights based on a firm's target capital structure.
(WACC を計算するには、会社の目標とする資本構成の割合を使用する。)

market value　時価

We can compute the **market value** of bonds easily if the bonds of the firm are publicly traded in the market.
(もし、会社の社債が、公開市場で取引されているならば社債の時価を容易に計算できる。)

・capital structure 資本構成

No. 18 証券化
— securitization

　証券化（securitization）とは、事業会社や金融機関が保有する貸付金などの債権や不動産を切り離し、**有価証券**（marketable securities）として売却することです。証券化商品の背後には、**原資産**（underlying assets）と呼ばれる、将来一定のキャッシュフローを生み出す資産が存在します。原資産の対象は売掛金・住宅ローン（mortgages）債権、不動産など多岐にわたります。証券化の歴史は古く、1970年代のアメリカで誕生し、以後、**金融工学**（financial engineering）の発達とともに成長したといわれています。最近では、証券化のしくみが複雑になりすぎ、サブプライムローン問題やリーマンショックなどの金融危機の発端となったことから、その存在意義が問われています。

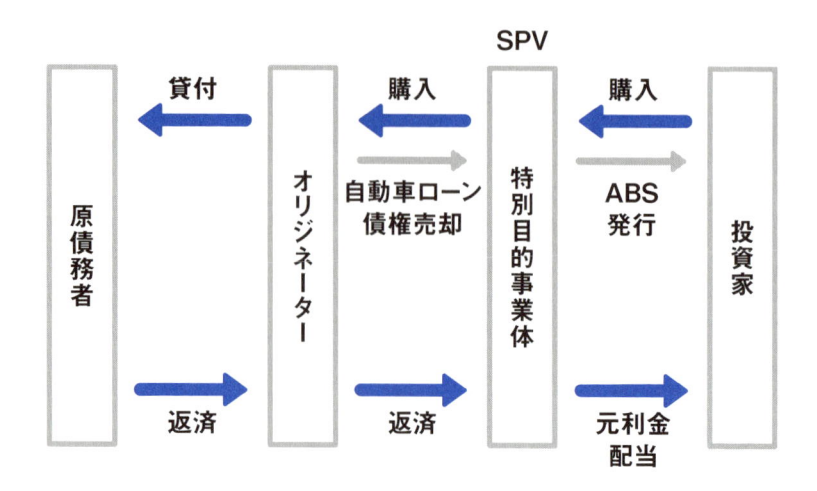

```
                                      SPV
原債務者  ← 貸付 ─ オリジネーター ← 購入 ─ 特別目的事業体 ← 購入 ─ 投資家
                     自動車ローン              ABS
                     債権売却                 発行
         ─ 返済 →              ─ 返済 →              ─ 元利金配当 →
```

POINT1 証券化の特長

　証券化は、資産が将来生み出すキャッシュフローを裏付けとして元利金や配当の支払いを行う有価証券を発行し、売却することです。証券化は、**流動性の低い**（illiquid）資産を市場で取引できる流動性の高い有価証券という商品に変化させ、売買を可能にした現代金融の重要な発明の一つとされています。証券化の特長を買手と売手に分けて見ていきましょう。

　証券化商品の買手は投資家です。証券化は、債権のリスクをコントロールした上で少額の**ポートフォリオ**（portfolio）にするため、買手にとっては購入しやすくなります。さまざまなリスク度合いを持つ投資商品の種類が増え、投資家自体の**リスクを分散すること**（diversification of risk）ができるというメリットもあります。

　売手は、住宅ローン債権や売掛金など原資産を保有する事業会社や金融機関となります。売手側は、特定の資産を切り離して売却することができるので、キャッシュフローを早く得ることができます。さらに、SPVと呼ばれる特別目的事業体に売却する時点で対象資産をオフバランス化することができ、対象資産のリスクを他者に移転することが可能になりました。総合的に見ると、バランスシートの圧縮につながり、自己資本比率の向上へと近づくことができます。

　また証券化により、売手側企業は新たな**資金調達源**（source of funds）を開拓することができました。社債発行による調達は格付けの取得や整備が必須条件ですし、銀行借入を行う場合も企業の信用力が大切になります。こうした条件が整っていない中小企業でも、保有している優良な資産を切り売りして証券化することにより、有利な条件かつ低コスト（low transaction cost）で資金調達をすることが可能になったのです。

▌securitization　証券化

Securitization helps banks reduce risk and improve capital adequacy.
（証券化は、銀行がリスクを減らし、自己資本適正性を改善するのに役立つ。）

・remove 排除する　・adequacy 適合性、適正性

portfolio　ポートフォリオ

To diversify overall risk, it is better to combine a group of securities and form a **portfolio**.
（全体リスクを分散するために、いろいろな証券を組み合わせてポートフォリオを形成するほうがよい。）

POINT2　証券化商品の種類

証券化商品には大きく分けて **MBS** と **ABS** があります。

MBS（mortgage backed securities）は、モーゲージ担保証券と呼ばれます。主に不動産担保融資、いわゆる住宅ローンの債権を裏付けとして発行される証券です。そのローンの担保となる不動産が商業用である場合は、**CMBS**（commercial mortgage backed securities：商業用不動産モーゲージ担保証券）、そして住宅用である場合は **RMBS**（residential mortgage backed securities：住宅不動産モーゲージ担保証券）と区別されています。

一方、ABSとは**資産担保証券**を意味し、英語では asset backed securities と呼ばれています。不動産融資以外の債権を裏付けとして発行する証券化商品で、対象となる原資産は、自動車ローン債権・クレジットカードローン債権・リース債権・売掛金などがあります。

POINT3　ABSのしくみ

ABSは売掛金や自動車ローンなどをプールしたものを担保に発行される有価証券です。ABSのしくみを具体的に見ていきましょう。例えば、A社が保有する自動車ローン債権を証券化する例を考えてみます。自動車ローンの**借手**を**原債務者**（obligor）といいます。債権を保有しているA社のことを**原債権者、オリジネーター**（originator）と呼びます。

❶ 準備段階として、オリジネーターであるA社はまず、**SPV**（special purpose vehicle：特別目的事業体）と呼ばれる証券化商品を発行する目的に特化した会社を設立します。SPVの種類として、**SPC**（special purpose company：特別目的会社）や組合、**信託**（trust）があります。

❷ オリジネーターが自動車ローン債権を SPV に売却し、売却代金をキャッシュとして獲得します。この時点で、長期間にわたって回収するはずだった自動車ローン債権をオリジネーターは現金化することができます。自動車ローン債権の所有権は SPV に譲渡され、信用リスクもオリジネーターから切り離されます。

❸ SPV は自動車ローン債権から返済として生み出されるキャッシュフローを裏付けとして ABS を発行し、投資家に販売します。流動性リスクをカバーするために銀行から保証を得たり、投資家へリスク指数を明確にするために ABS の**格付け**（rating）を取ったりします。

❹ 自動車ローン債権の回収は、SPV ではなく**サービサー**（servicer）という**債権回収会社**が行います。通常サービサーはオリジネーターと同じです。サービサーは原債務者から元本や利息を回収します。

❺ SPV は、原債務者から回収した元利金を今度は ABS の投資家への元利金支払いにあてます。

このように、証券化の構造として、証券化対象資産のリスクはもともとの所有者であるオリジネーターではなく、証券を購入した投資家へと移転するしくみとなっています。

asset backed securities　資本担保証券

The government announced that it would purchase **asset backed securities** and bonds to break out of the economic downturn.
（政府は、経済低迷から脱するために資産担保証券や債券を購入することを発表した。）

special purpose company (SPC)　特別目的会社

An **SPC** serves as the intermediary between the originators and the investors.
（特別目的会社は、オリジネーターと投資家をつなぐ仲介としての役割を持つ。）

・downturn（景気などの）低迷、沈滞　・intermediary 仲介人、媒介

プラスα vocabulary ▶ 資金調達に関連する用語

- **yield curve** 　　　　　イールドカーブ
- **speculative bond** 　　投資不適格債
- **sovereign bond** 　　　国債
- **volatility** 　　　　　　　価格変動性
- **regression analysis** 　回帰分析
- **convertible bond** 　　転換社債
- **preferred stock** 　　　優先株式
- **guarantor** 　　　　　　保証人
- **transparency** 　　　　透明性
- **letter of credit** 　　　信用状
- **fee income** 　　　　　手数料収入

Chapter 3

キャッシュフローを生み出す

　ファイナンスでは、損益計算書に現れる会計上の利益よりも新たに生み出されたキャッシュを企業の儲けと考えます。どうしたら企業により多くのキャッシュをもたらす投資を選択することができるのでしょうか。この章では、その判断基準について見ていきます。また、利益とキャッシュの違いがどんなところにあるのかを考えます。会計とファイナンスの違いをより深く理解するために、財務3表についてもご紹介します。

資本予算
— capital budgeting

　企業は、設備投資や他企業への資本参加などの投資を繰り返して成長していきます。こうした投資により、企業は市場での競争力を向上させることができます。投資により新しく得た資産が利益とキャッシュを生み、企業は投資家に配当や金利としてキャッシュを分配し、さらに再投資するというサイクルを続けます。

　事業活動で長期にわたり使用する設備などの固定資産を capital または capital assets と呼びます。**固定資産*への投資**（capital investment）、つまり設備投資は、通常、投資開始時に多額のキャッシュ・アウトフローを伴う一方、キャッシュインフローとしての投資の回収は、長期にわたり徐々に行われます。現金支出よりも現金収入の発生が遅れるため、企業の資金繰りに大きな影響を与えます。そのため、複数の投資代替案（alternative investments）を慎重に検討し、最適の投資案を選択しなければなりません。キャッシュをもっとも多く生み出し、企業価値を最大化するような投資を選ぶプロセス、これを**資本予算**（capital budgeting）と呼びます。ここでは、資本予算のプロセスを見ていきましょう。

投資分野の確定
identify potential investment needs

⬇

投資案の選択・評価
select and evaluate investment proposals

⬇

投資管理
perform post-audit of capital investments

POINT1 投資分野を確定する

まずは今、企業にとって必要な投資は何かを見極めます。いろいろやりたいことはあるでしょうが、資金も限られているので、経営戦略に沿った、今後企業の競争力・成長力の増加に貢献するような投資を探します。このように資金制約がある中で最良の投資に資金を割り当てることを、**資本割当**（capital rationing）といいます。具体的な投資の候補には、新規事業や新製品の開発への投資、既存製品の品質向上のための投資、**工場の省力化**（factory automation）・**維持更新**（maintenance）のための投資、**研究開発投資**（R&D investment）などがあります。これらの中で至急性、収益性などの優先順位を決めて、投資分野を確定します。

▍capital budgeting　資本予算

Management should first ensure that the **capital budgeting** process is aligned with the organization's strategic plan.
（経営陣は、資本予算が組織の戦略に沿っているかをまず確認する必要がある。）

▍capital rationing　資本割当

When a company is engaged in **capital rationing**, managers cannot always undertake large-scale projects even if they offer high profitability.
（資本割当の状況では、マネージャーは、収益性が高いからといって大規模プロジェクトを常に実行できるわけではない。）

＊固定資産には、機械装置や建物など工場関連の有形固定資産だけでなく、無形固定資産（intangibles）や投資有価証券も含まれます。無形固定資産には、ブランドの商標権や技術の特許権（patent）などの知的所有権（intellectual property）、そしてソフトウェアなど情報システムへの投資も含まれます。また投資有価証券には、会社買収で支配を獲得した子会社株式やその他の関連会社への投資が含まれています。

・ensure 確認する　・be aligned with 〜に沿っている　・undertake 着手する
・profitability 収益性

POINT2 投資案の選択・評価

投資分野が決まったら、**投資案**（investment proposals）の具体的な評価に入ります。重要視するポイントは、その投資がどのくらいのキャッシュフローを正味で増加させることができるかです。さらに、その投資は将来どのくらいの売上を上げ、費用はどのくらいかかるのか、採算予想を立てます。その上で投資額はどのくらいの期間で回収できるのかを見積もります。また**初期投資額**（initial cash outlay）をどのように支払うかも留意すべきポイントです。固定資産の設備投資にかかった現金支出を**資本的支出**（capital expenditure）と呼びます。

自己資金で賄えるのか、銀行借入や社債発行が必要なのかなどの財務的側面も考慮します。これらのポイントを分析して、複数投資案がある場合は一番効率のよい投資案を選びます。投資の意思決定をするための投資案の評価方法でよく用いられるのが**現在価値**（present value）の概念を用いた **NPV法**（正味現在価値法）や **IRR法**（内部収益率法）といった手法ですが、これらについては次章以降で説明します。評価の結果、どの投資案もリターンが期待値を下回れば、投資をしない（reject the investment）という選択肢もありえます。いずれにしても、資本コストを含めたトータルのコスト以上にリターンを生み出す投資を選ぶことが重要です。

▍capital expenditure　資本的支出

The company announced a plan to cut its **capital expenditure** by 20% in order to protect dividend payments.
（会社は配当の支払いを守るために資本的支出を20％削減する計画を発表した。）

▍initial cash outlay　初期投資額

The CFO is consulting with the bank about how to effectively finance the **initial cash outlay** of the investment.
（CFOはその投資の初期投資額の効率的な資本調達方法について、銀行と相談している。）

POINT3 投資事後管理

投資を実行した後は、投資の管理が大切になります。投資を開始して稼働が安定したころに、当初の投資計画と比べて**結果**(outcome)はどのようになったのかを評価する作業を**投資事後監査**(post-audits of capital investment)と呼びます。投資前に見積もっていたキャッシュフロー収入と実際のキャッシュフローの収入を比べます。予想通りなのか、乖離があるなら原因は何だったのか、追加投資は必要かといった点を分析します。場合によっては、**投資撤退**(divest)を考えなければならないかもしれません。投資事後監査で得た気づきは、次の**投資案評価**(investment appraisal)にも活かすことができます。また、投資事後監査を繰り返すことでより現実に近いキャッシュフロー予測ができるようになり、投資の意思決定の精度を上げることができます。

post-audit 事後監査

A **post-audit** of an investment is particularly beneficial for analyzing currently underperforming projects.
(投資の事後監査は、現在不採算のプロジェクトを分析するのにとりわけ有益である。)

divest 投資から撤退する

The company finally decided to **divest** some of its unprofitable projects.
(会社はついに収益の出ていないいくつかの事業から撤退することを決めた。)

・dividend 配当　・underperforming 不採算の、期待を下回る
・unprofitable 採算性のない、不採算の

お金の時間価値
── time value of money

　ファイナンスの世界には、「今日の 100 ドルは、明日の 100 ドルより価値がある」という大原則があります。投資家にとっては、運用した場合に得られる収益である**金利**（interest）が存在するので、お金を投資し、時間がたつと、お金は金利により増えていきます。お金には**時間価値**（time value）があるのです。つまり「同じ金額でもいつの時点で手にするかでお金の価値は変わる」という考え方です。お金には**将来価値**（future value）と**現在価値**（present value）の二つがあります。

現在価値 present value 10,000円	→ earn interest →	将来価値 future value 10,500円
現在		1年後

将来価値 9,524円	← discount ←	将来価値 10,000円
現在		1年後

POINT1 将来価値

将来価値は、今、手元にあるお金をある一定の金利で運用した場合、将来どのくらいの価値になるかということです。例えば、10,000円を金利5%で銀行に預金した場合、このお金の将来価値はいくらになるのか見てみましょう。ここでは、元本が生んだ金利に対しても金利が発生する複利（compound interest）を用いると仮定します。

1年後は、5%の利息500円（= 10,000 × 5%）がつき、元本とあわせ10,500円となります。2年後は、さらにこの10,500円全体に5%の利息である525円がつき、11,025円となります。同じく3年後は、11,576.25円となります。つまり現在の10,000円は、3年後には11,576.25円と変化するので、現在の1万円のほうが3年後の1万円より価値が高いといえます。

future value　将来価値

Future value increases as the interest rate increases.
（将来価値は、金利が上昇すると増加する。）

compound interest　複利

Compound interest means that interest is earned both on interest and the principal.
（複利とは、金利と元本の両方に利息が生じることを意味する。）

POINT2 現在価値

次に、お金の現在価値について見ていきます。現在価値は、将来のある金額のお金が、現在の価値に直すといくらかを示しています。

実際に先の例を使って計算していきます。1年後の10,000円は、現在はいくらでしょうか。将来価値から現在価値を求めるには、先ほどと逆の計算をします。つまり、将来得られるお金10,000円を、予想利回りである5%（=「割引率」といいます）で割り引くと、9,524

・interest rate 金利　・principal 元本

円（= 10,000 円 ÷ 1.05）になります。「1 年後に 10,000 円を生み出す投資の現在価値は 9,524 円である」という言い方をします。このように、将来のあるお金の額を現在の貨幣価値に計算し直すプロセスを**割り引く**（discount）といい、その際に使用する金利を**割引率**（discount rate）と呼びます。

　将来価値と現在価値は、将来か現在か、どの時点で測るかで貨幣価値が変わりますが、実際には表裏一体の関係です。

▎present value　現在価値

Present value is the current value of a future amount.
（現在価値とは、将来の金額の現在の価値である。）

▎time value of money　お金の時間価値

Time value of money is a key concept in modern finance.
（お金の時間価値は、現代ファイナンスにおける主要なコンセプトである。）

POINT3　割引率

　現在価値から将来価値を求めるときに使う利率を**金利**や**利回り**というのに対し、将来価値から現在価値を求めるときに使う率を**割引率**といいます。割引率は、その投資がもたらす**期待リターン率**（expected rate of return）を表しています。つまり、お金を出してこれだけの投資をするからには、最低限このくらいのリターンは欲しいという利益率です。

　上の例では割引率は 5% でしたが、もし割引率が 10% ならば、1 年後に 10,000 円となる投資の現在価値は、9,091 円となり、5% の場合の現在価値 9,524 円より小さくなります。割引率が高くなると現在価値は減少し、反対に割引率が低くなると現在価値は高くなるというしくみです。割引率の大小は、現在価値に大きく影響をおよぼすので、割引率をどのように設定するかは非常に重要な問題です。

discount rate　割引率

According to our analysis, the appropriate **discount rate** would be around 9% for that project.
（我々の分析によれば、そのプロジェクトの適切な割引率はおよそ９％くらいだろう。）

compute　計算する

We need to decide on a discount rate if we want to **compute** the present value of this investment.
（その投資案の現在価値を算出するためには、割引率を決めなければいけない。）

Column　年金現価係数

　先ほど、割引率が5％の場合の1年後の10,000円の現在価値を求めるとき、10,000を1.05で割って9,524円と計算しました。2年後の10,000円の現在価値は、(1.05)^{2}で割って9,070円となり、2年間分の現在価値は、合計18,594円となります。このとき、毎回割り算をしなくても表にある係数をかけることで簡単に現在価値を求めることができます。この係数のことを年金現価係数といいます。年金現価係数は、縦軸が年数、横軸が割引率で構成されている年金現価係数表を参照することで、その時々に適した係数を瞬時に見つけることができます。例えば、割引率が5％で期間が2年の場合は、係数は1.8594です。10,000に1.8594をかければ18,594円と求めることができます。

　年金現価係数は、英語ではpresent value of ordinary annuityといいます。annuityとは、同額のキャッシュフローを等間隔に一定期間にわたって受け取ることを意味します。毎期末に受け取る場合をordinary annuityと呼びます。受け取るのは必ずしも年金である必要はなく、債券の利息や受取リース料である場合もあります。

・concept 概念、コンセプト　・according to 〜によれば　・analysis 分析
・appropriate 適切な

No. 21

正味現在価値法(NPV法)
— net present value method

　NPV法とは、お金の現在価値を考慮に入れながら、投資が企業にもたらす価値の総額と投資額の差額を計算する方法です。企業は投資をしなければ成長できませんが、やみくもに投資するとその投資で予想外の損を出し、致命傷になる可能性もあります。投資を検討するときには見送るという選択肢もあります。NPV法は、数ある投資案を評価する際の有益な判断材料を提供してくれます。

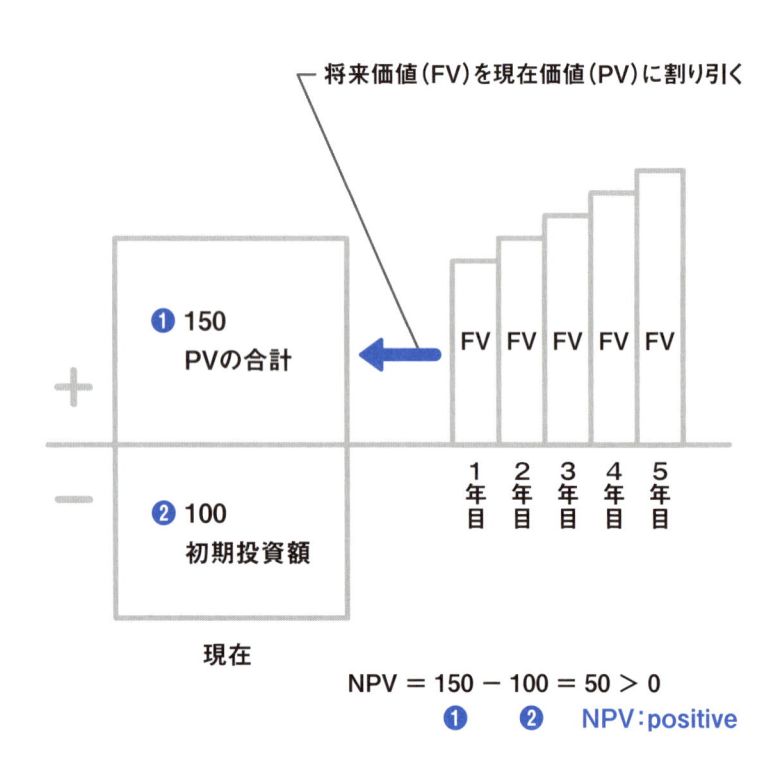

将来価値(FV)を現在価値(PV)に割り引く

❶ 150
PVの合計

FV FV FV FV FV

1年目 2年目 3年目 4年目 5年目

❷ 100
初期投資額

現在

NPV = 150 − 100 = 50 > 0
　　　❶　　❷　　NPV：positive

POINT1 NPVによる投資判断

NPV は、次の二つの要素から計算します。

- **あるプロジェクトが将来生み出すであろうキャッシュインフローの現在価値の合計**
  (total present value of net future cash inflows) …①
- **このプロジェクトの初期投資に必要なキャッシュアウトフローの現在価値**
  (present value of the initial investment cash outflows) …②

①から②を引いたものがNPV となります。

①の将来キャッシュフローを現在価値に割り引くときに使用する率を**割引率**（discount rate）といいます（→91 ページ）。これは、その投資が最低稼がなくてはいけない**収益率**（required rate of return）です。

NPV を算定したら、次の基準に照らして投資プロジェクトの可否を判断します。

NPV ＞ 0 positive　のときは投資プロジェクトを実行する
NPV ＜ 0 negative　のときは投資プロジェクトを実行しない

このように、NPV 法はある投資プロジェクトを実行するかどうかの一つの判断基準になります。

positive　正である

If the NPV is **positive**, it means that the investment in question is attractive to the firm.
（NPV が正の場合、その投資は会社にとって魅力的だということを意味する。）

・in question 問題になっている　・attractive 魅力的な

POINT2　NPVの意味

94ページの図を見ながら先ほどの意思決定を左右するNPVが0より大きいか小さいかの意味をもっと具体的に見ていきましょう。NPVが0より大きいというケースですが、例えばNPVが50億円と計算されたとすると、それは初期投資額が100億円かかるが、その投資は5年で150億円のキャッシュフローを生み出すという意味になります。つまり150 − 100 = 50億円で、差し引き50億円という新しい価値を企業に与えるということです。この投資は価値があり、会社として実行するべきだ（worth to go）ということになります。

反対にNPVがマイナス50億円だったらどうでしょう。工場を建設したり、よい人材を準備してプロジェクトを開始したりするのに150億円かかるが、そのプロジェクトが全体で生み出すキャッシュは100億円しかないだろうという意味になります。元手も回収できない見込みなので、その投資に踏み切るべきではないという風に考えていきます。

worth　価値がある

The land is **worth** $2,000,000.
（その土地は、200万ドルの価値がある。）

POINT3　NPV法の特徴1

NPV法では常に将来にわたって得られるキャッシュフローを割り引き、現在価値に直してものごとを考えます。現在の一点にキャッシュフローが集約されるため、キャッシュのインフローとアウトフローを容易に比較する（make a comparison）ことができます。また、投資プロジェクトのもたらす価値を金額で把握し、自社が通常の営業活動で生み出しているキャッシュの金額とも比較することができるため、プロジェクトの規模が感覚でわかります。

make a comparison　比較する

Using the NPV method, we can **make a comparison** between future cash inflows and the initially required investment.
（NPV法を使えば、将来のキャッシュ収入と初期必要投資額を比較できる。）

POINT4 NPV法の特徴2

NPV法は、投資プロジェクトの将来キャッシュフローと割引率の二つの要素に依存しています。そのため、どの割引率を選ぶかによってNPVの額が大きく変わるという特徴があります。割引率が高いとNPVは小さくなり、割引率が低いとNPVは大きくなります。

また、もう一つの要素である将来キャッシュフローが容易に見積もれない場合があります。**予測**（forecast）が難しいという場合が多く、最初に立てたキャッシュフローの予測が甘いと、NPVが高い金額の投資でも、実際にプロジェクトが進むとキャッシュを生むことができず、投資が失敗に終わるという事態にもなりかねません。

forecast 予測する

We need to **forecast** the future cash inflows as accurately as possible.
（将来のキャッシュインフローをできるだけ正確に予測しなければいけない。）

プラスα vocabulary

投資プロジェクトを実行するかどうか検討する際に、よく目にしたり耳にしたりする言い回しを見てみましょう。

- recover the investment　　投資（額）を回収する
- annual net cash inflows　　年間の正味キャッシュインフロー
- accumulated cash flow　　累積キャッシュフロー
- choose the project with the highest NPV
  　　NPVが最も高いプロジェクトを選ぶ
- show the method you use for investment decisions
  　　投資判断に使った方法を示す
- maximize the total NPV　　NPVの合計を最大化する
- This investment proposal will generate a higher NPV.
  　　この投資案はより高いNPVを生み出す。
- What is the expected NPV of this investment opportunity?
  　　この投資機会の予想NPVはどのくらいですか。

・initially 当初、初めに　・required 必要な　・accurately 正確に

No. 22

内部収益率法（IRR法）
— internal rate of return method

　IRR は internal rate of return の略で、**内部収益率**と訳されます。IRR では、ある投資プロジェクトを実行するとどのくらいの利回りが期待できるかを計算します。先ほどの NPV は現在価値の金額を判断基準としましたが、IRR 法では比率で判断を行います。

　IRR は「NPV がゼロになるような割引率」と定義されます。NPV がゼロということは、「将来のキャッシュインフローの現在価値の合計」から「初期投資のキャッシュアウトフローの現在価値」を差し引いたものがゼロということです。つまり、投資をして、その投資から何年間かキャッシュを生み出したけれども、現在価値に割り引いてみるとゼロになったということです。損は出なかったが利益も出なかったということです。

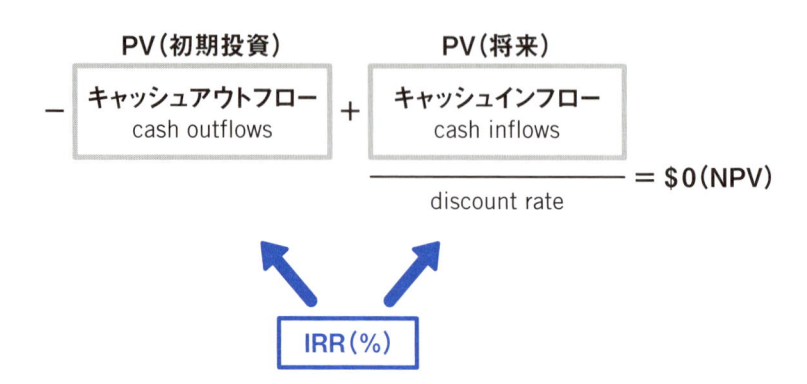

$$-\frac{\text{PV（初期投資）}\ \text{キャッシュアウトフロー (cash outflows)}}{} + \frac{\text{PV（将来）}\ \text{キャッシュインフロー (cash inflows)}}{\text{discount rate}} = \$0\ (\text{NPV})$$

IRR (%)

POINT1 IRRの求め方とIRR法による投資判断

- あるプロジェクトが将来生み出すであろうキャッシュインフローの現在価値の合計
  (total present value of net future cash inflows) …①
- このプロジェクトの初期投資に必要なキャッシュアウトフローの現在価値
  (present value of the initial investment cash outflows) …②

NPV（①−②）がゼロになるような IRR を計算する。

IRR法では、IRR（内部収益率）を**ハードルレート**（hurdle rate）と比較して投資プロジェクトを実行するか否かを考えます。ハードルレートとは、投資実行において**越え**（exceed）なければならない**利益率**（return rate）のことです。通常、ハードルレートにはWACC（→ 77ページ）を用います。リターンを得るためにはそれにかかった元手のコストである**資本コスト**（cost of capital）と比べるのが合理的だからです。

IRR ＞ ハードルレート　のときは投資プロジェクトを実行する
　　　　　　　　　　　　（accept the investment）
IRR ＜ ハードルレート　のときは投資プロジェクトを実行しない
　　　　　　　　　　　　（reject the investment）

▎exceed　越える

The IRR should **exceed** the cost of funds used to finance the project.
（IRR は、そのプロジェクトの資金調達コストを越えなければいけない。）

・cost of funds 資金コスト

accept　実行する

We will **accept** the project if its IRR is higher than the cost of capital.
(IRRが資本コストより高ければ、我々はそのプロジェクトを実行する。)

POINT2　IRR法の特徴

　RR法はNPV法と比較すると比率のみの情報なので、プロジェクトの**規模**（scale）の違いを反映しないと言われています。例えば、次のようにプロジェクトを比較したときです。

	NPV	IRR
A	▲100	15%
B	100	15%
C	10,000	10%

　このような場合は、しばしばIRRの値に限らずNPVが高くかつ正の値のNPVを持つようなプロジェクトCが**推奨されます**（recommended）。NPVが増えるとそれだけ企業に新たなキャッシュが生み出され、その分**株主価値が増加する**（increase shareholder wealth）と考えられるからです。

scale　規模

There are many **scale** differences among the investment proposals we have.
(我々が有する投資案には、いろいろな規模の違いがある。)

recommend　薦める

We need to decide which investment we will **recommend** to our client.
(どの投資案を顧客に薦めるかを決めなければいけない。)

POINT3 IRR法とNPV法の比較

投資プロジェクトを実行するか否かを意思決定するとき、IRR法とNPV法では、将来のキャッシュフローを**予測し**（estimate）現在価値に割り引くという最初のステップは同じです。そのため、いつの時点でキャッシュフローが**発生する**（occur）かが計算結果に影響を与えます。キャッシュフローが発生するタイミングにより、IRR法で投資を評価した場合とNPV法で評価した場合の結果が逆になるということがありえます。例えば、同規模の投資案でも、後半によりキャッシュフローを生み出す投資案と前半のほうにキャッシュフローを生み出す投資案がある場合には、NPV法では、後半にキャッシュフローが偏っている投資案の方が割引計算の影響を大きく受け、NPVの金額が大きく変動してしまい、判断が難しくなってしまうこともあります。

fall　入る

The IRR of Project A would **fall** between 10% and 13%.
（AプロジェクトのIRRは、10%から13%の間に入るだろう。）

occur　発生する

We assume that all the cash flows **occur** at the end of the year.
（すべてのキャッシュフローは、期末に発生すると仮定する。）

・proposal 提案　・assume 仮定する、前提とする

No. 23

会計とファイナンスの違い
— accounting and finance

利益は会計のメインテーマであり、**キャッシュ**はファイナンスのコア概念です。利益とキャッシュは、場面によっては似た意味合いをもつこともありますが、実際には別物です。利益とキャッシュの違いに焦点をあてながら、会計とファイナンスの違いを見ていきましょう。

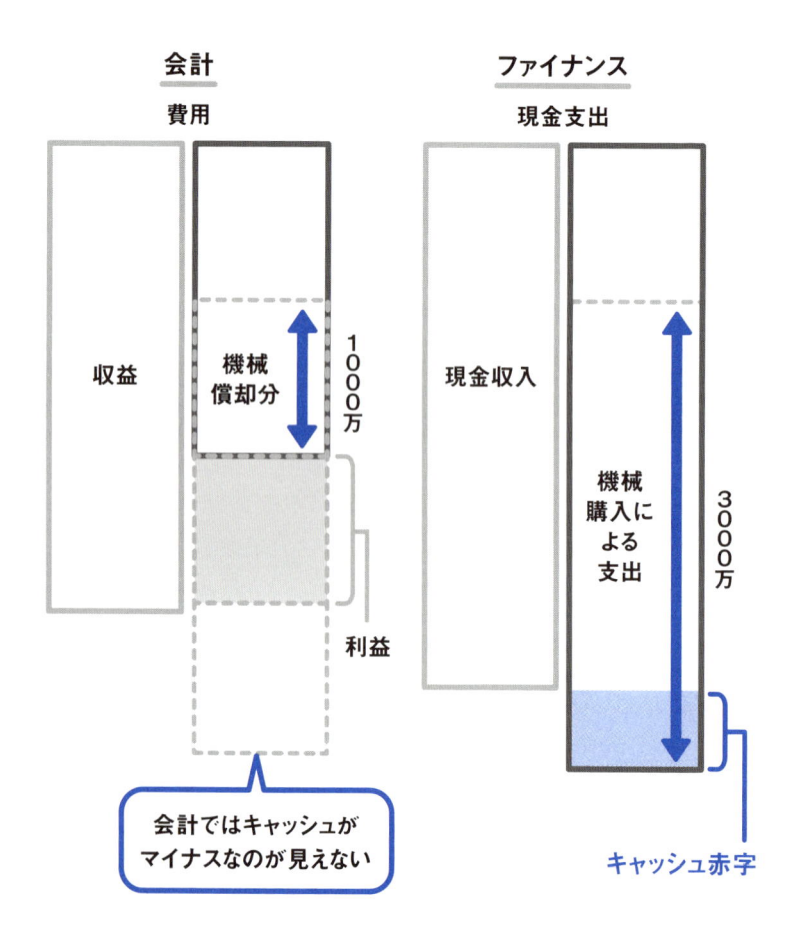

会計

収益	費用
	機械償却分 1000万
	利益

会計ではキャッシュがマイナスなのが見えない

ファイナンス

現金収入	現金支出
	機械購入による支出 3000万

キャッシュ赤字

POINT1　会計における利益

利益は会計上の概念で、主に会計の世界で作成される損益計算書の中の利益を指します。この利益は、accounting income と呼ばれたり、「帳簿に記帳する」という意味の book を付けて book income と呼ばれたりします。**財務会計**（financial accounting）は主に投資家や当局などの外部に報告する目的で、一定のルールに従って行う計算です。通常、**四半期**（quarterly）や**半年**（semi-annually）、**一年**（yearly）など短期間のある一定期間にどれだけ売上があり、費用はどのくらいかかり、結果として利益がどのくらい残ったかを計算します。言ってみれば、すでに終わったこと、過去の成績をまとめるものです。

▎book　記帳する

We need to carefully **book** transactions that occurred near the end of the year.
（期末付近で起こった取引は注意深く記帳しなければならない。）

▎quarterly　四半期ごとの

After the announcement of their **quarterly** results, C company's share price soared.
（四半期業績の発表の後、C社の株価は高騰した。）

POINT2　ファイナンスにおけるキャッシュ

一方、ファイナンスの世界では、もっぱら**キャッシュ**（cash）でものごとを考えます。キャッシュとは、文字どおり「現金」のことです。ある新規プロジェクトが1年後にいくらのキャッシュを生み出すことができるか、または、新型機械の設備投資を考えているが、**初期投資**（initial investment）としてキャッシュがいくら必要かなど、常に、キャッシュの**入金**（cash in）と**出金**（cash out）の流れに焦点をあてます。ファイナンスでは、そこに**お金の時間価値**（→ 90 ペー

・transaction 取引　・announcement 発表　・result 業績、実績　・soar 急騰する

ジ）というコンセプトを使ってプロジェクトや企業全体が将来生み出すであろうキャッシュを**割り引き**（discount）、現在価値に置き直して評価しようという考え方をします。つまりファイナンスは、この投資は企業を成長させることができるのかというように、常に将来を見据え、企業の価値をいかに向上させるかという経営者の**視点**（viewpoint）で考えます。

▮ initial investment　初期投資

A large **initial investment** is required if we want to participate in the government-led project.
（その政府主導のプロジェクトに参加したい場合は、巨額の初期投資が必要となる。）

POINT3　利益とキャッシュの違い

　利益とキャッシュは異なる動きをすることがあります。例えばある製造機械を3,000万円で購入した場合を考えましょう。それを3年間で**減価償却する**（depreciate）と、毎年の**減価償却費**（depreciation expense）は1,000万円（＝3,000万円÷3年）となります。

　102ページのチャートを見てください。左側の会計では、機械購入による支出を減価償却費分しか計上しないので利益が出ています。減価償却費は、**非資金費用**（non-cash expenses）といって実際に資金の支出を伴わない費用です。しかし、これはキャッシュが実際に存在しているという意味ではありません。実際には機械の購入にお金が出ていくので、キャッシュは右側のファイナンスのように赤字になっています。このように利益はプラスだけれども、実際にはキャッシュがマイナスで手元に現金がなく、何も買えないし払えないという状況になることもあるのです。

▮ depreciate　減価償却する

The building is **depreciated** by the straight line method.
（その建物は、定額法で減価償却している。）

▎non-cash expenses　非資金費用

Non-cash expenses reduce income but do not result in cash payments.
(非資金費用は、利益を減らすが現金支払いがあるわけではない。)

POINT4　会計方針によって変わる利益

　会計上の利益は**会計方針**（accounting policy）に基づいて計算されるので、国が違い、会計方針が変わると、起こった事実は同じでも利益の金額が変わるということがあります。先の例では、日本では3,000万円の機械を**耐用年数**（useful life）3年で償却することにしましたが、イギリスでは同じ機械であっても6年間で償却する決まりだとすると、毎年の減価償却費は500万円（= 3,000万円÷6年）となります。すると、日本では毎年1,000万円の費用がかかりますが、イギリスでは500万円の費用で済むので、それだけイギリスのほうが利益が大きくなることになるのです。

　しかしキャッシュの流れに注目すると、何年で減価償却したとしてもその機械を購入するのに3,000万円かかり、キャッシュがそれだけ出ていくという事実は日本でもイギリスでも変わりません。現金の動きはクリアであり、国によって変わることはないのです。

▎accounting policy　会計方針

There is a growing trend to reconcile differences in the **accounting policies** of each country.
(各国の会計方針の違いを調整しようとする傾向は高まっている。)

▎useful life　耐用年数

At the end of its **useful life**, we will either sell or dispose of that machinery.
(耐用年数の終わりに、その機械を売却するか処分するかする。)

・straight line method 定額法　・reconcile 調整する、調和させる
・dispose of 〜を処分する

貸借対照表（1）―資産―
— balance sheet: assets

　貸借対照表（balance sheet, BS）は、企業がどのように元手を調達してどのように使っているかという両面から、ある一時点の**財政状態**（financial position）を表したもので、大きく**資産**（assets）、**負債**（liabilities）、**純資産**（stockholders' equity）という3つの要素からできています。右側の負債・純資産は、企業が事業活動をするのに必要な資金をどのように集めてきたのかを表します。集めてきたお金を何に使ったのかを示すのが左側の資産です。さらに資産と負債は、それぞれ**流動**（current）と**固定**（non-current）に分類されます。

　貸借対照日の翌日から1年以内に換金できるものを**流動資産**と呼びます。ただし、**売掛金、棚卸資産、買掛金**（accounts payable）などは、**正常営業循環基準**に基づきます。つまり、仕入→製造→販売という通常の営業活動のサイクル内に発生したものであれば、1年を超えた期限のものでも流動に分類します。ここでは、資産の部の主なものから見ていきましょう。

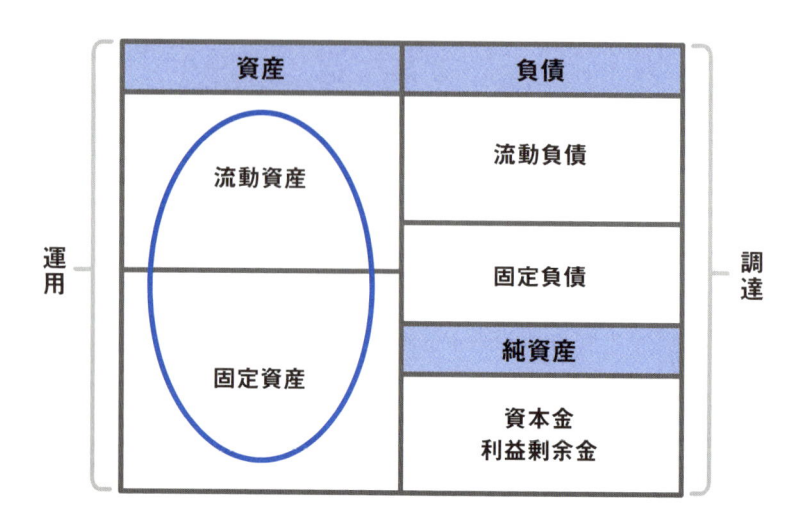

資産	負債
流動資産	流動負債
	固定負債
固定資産	純資産
	資本金 利益剰余金

運用　　　　　　　　　　　　　　　調達

POINT1 現金預金

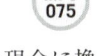

まず、流動資産から見ていきます。流動資産は1年以内に現金に換えることができる資産です。

現金預金（cash and deposits）は、貸借対照日時点に企業が保有しているキャッシュを表します。その他では**小口現金**（petty cash）、銀行にある現金の残高である銀行預金などがあります。

cash　現金

To control cash balances properly, we verify that the bank balance for **cash** is consistent with the accounting records on a monthly basis.
（現金残高を正しく管理するために、毎月銀行残高と会計帳簿記録が一致しているかを確認している。）

POINT2 売掛金

売掛金（accounts receivable）とは、企業が製品やサービスを顧客に売り上げたが、まだその代金を回収していないものです。例えば、車を顧客に売っても売上と同時に代金を受け取ることはまれで、普通は1、2か月後などに受け取ることなります。売掛金は、販売したものやサービスの代金を将来受け取ることができる権利ということもできます。ただ、売掛金の回収が難しいだろうということがわかっている場合は、その分を**貸倒引当金**（allowance for uncollectible accounts）として計上し、売掛金の額から減額する必要があります。

accounts receivable　売掛金

When the probability of collecting the **accounts receivable** is remote, we need to record allowance for doubtful accounts.
（その売掛金の回収可能性が低い場合は、貸倒引当金を計上しなければならない。）

・verify 確認する

POINT3 棚卸資産

棚卸資産（inventory）とは、在庫のことです。棚卸資産はさらに、製造のために仕入れた**原材料**（raw materials）や出荷待ちの**製品**（finished goods）や**商品**（merchandise）などで構成されています。また、原材料を加工・製造中で、まだ完成に至っていない**仕掛品**（work in process）も含まれています。

inventory 棚卸資産

The company has been using FIFO as its principal method of **inventory** valuation.
（その会社は、先入先出法を主要な棚卸資産評価方法として用いてきた。）

POINT4 固定資産

固定資産（fixed assets）とは、形があり、キャッシュに変わるのに時間がかかる資産を指します。固定資産は**有形固定資産**、**無形固定資産**、**投資その他の資産**と大きく3つに分かれます。

有形固定資産には、オフィスビルなどの建物やものを造るための機械装置、製造や研究用の器具備品などがあります。その他、事務所や工場用の土地や社用車なども含まれます。また、建設途中の工場など、まだ完成していない建物や稼動していない機械などは**建設仮勘定**（construction in progress）に集計されます。工事が完成したり、固定資産の引き渡しが済んで稼働が開始されたりしたら、固定資産のそれぞれの勘定に振り替えられていきます。

無形固定資産（intangible assets）は目に見えないもので、例えばブランドを取得した際の商標権など、主に法律上の権利である**特許権**（patent）、**著作権**（copyright）などがあります。また、M&Aなどにより取得した会社の超過収益力を見込んで追加で支払った額である**のれん**も無形固定資産の一部です。その他では、ソフトウエアも無形固定資産となります。

＊固定資産は、それぞれ金額も高く長期間にわたって使用するものです。製造業の場合は、固定資産は、製品を作り出す重要な生産設備であり、その企業独自

の価値を生み出す基盤となります。このように固定資産は、購入した年だけでなく将来にわたって事業に用いることができ収益を生み出すため、取得にかかった金額を一括して費用にするのではなく、使用する期間にわたって徐々に費用処理する「減価償却」という会計処理を行います。

▮ fixed assets　固定資産

Land is a unique example of a **fixed asset** in that it is not depreciated.
（土地は減価償却されないという点で固定資産の特異な例である。）

POINT5　投資その他の資産

　投資その他の資産には長期保有することを目的とした**投資有価証券**（investments in securities）やオフィスの**保証金**（deposit）などがあります。投資有価証券には子会社や関連会社の株式も含まれます。その他には、余剰資金を運用して賃貸料収入や投機目的で保有している投資不動産などがあります。

▮ investments in securities (long-term investments)　投資有価証券

The fair market value of **investments in securities** is measured at each reporting date.
（投資有価証券は、決算日ごとに時価評価を行う。）

・FIFO 先入先出法（= first-in, first out）　・reporting date 決算日

No. 25

貸借対照表（2）―負債・純資産―
balance sheet: liabilities, stockholders' equity

　今度は**負債**と**純資産**について見ていきましょう。貸借対照表の右側の負債と純資産は、どのように資金を集めてきたかを示しています。

　負債は、株主以外の銀行などの債権者から調達したものです。返済義務のある資金で他人資本と呼ばれます。決算日から1年以内に支払うものを流動負債、1年を超えて支払うものを固定負債と分けています。

　純資産は、株主から調達した返済不要の資金で、自己資本と呼ばれます。

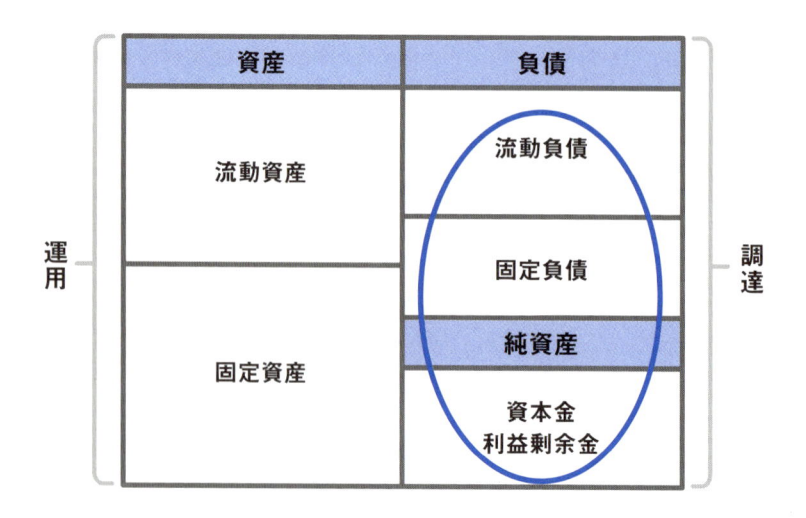

資産	負債
流動資産	流動負債
	固定負債
	純資産
固定資産	資本金 利益剰余金

運用　　　調達

POINT1 流動負債

　流動負債（current liabilities）は、1年以内もしくは正常営業循環内に支払わなければならないものをいいます。代表的なものには、原材料や商品などを仕入れたがまだその代金を払っていない**買掛金**（accounts payable）や、銀行などの金融機関から借りて1年以内に返済しなくてはならない**短期借入金**（short-term debt）、それに関連してまだ払っていない未払利息などがあります。その他には、すでに役務が提供されたけれどもまだ支払われていない未払給料や、所得に対して1年以内に納めなければならない税金である**未払法人税**（corporate income tax payable）などがあります。

＊従業員の給与から天引きした源泉所得税や社会保険料の本人負担分は、会社が本人に代わって納めますが、実際の支払いまでは預り金として計上します。

　流動負債には、会社のいろいろな**引当金**が含まれています。将来に費用として発生する可能性が高く、合理的に見積もることができる場合は、引当金として計上し、将来の資金流出を準備しなければなりません。例としては、夏や冬などに従業員に支給するボーナスの**賞与引当金**（allowance for bonus）や、電化製品などを購入した顧客に対して「メーカー保証1年間」といって無料で修理するサービスがありますが、この修理代などを引き当てる**製品保証引当金**などがあります。

income taxes payable　未払法人税

Income taxes payable decrease when tax payment is made.
（税金の支払いをすると、未払法人税は減少する。）

POINT2 固定負債

　固定負債（non-current liabilities）は、すぐに返済の義務がない負債です。返済期日が1年を超える**社債**（bond）や**長期借入金**（long-term debt）などが該当します。これらは、利息負担が生じるので有利子負債とも呼ばれます。固定負債にも引当金があります。退職給付引当金といって、将来従業員が退職する際に支払わなければならない

退職金などの債務を準備しているものです。

non-current liabilities　固定負債

Smaller businesses tend to have higher proportions of **non-current liabilities**, especially those in the service industry.
（小規模な事業者ほど固定負債の割合が高く、その傾向はサービス業で際立っている。）

POINT3　純資産

　純資産（stockholders' equity）は株主から預かっている資金のことで、先ほどの負債の借入金や社債と違い、返済する義務がありません。主なものには、株主から実際に払い込みを受けた額である資本金や資本剰余金があります。

　企業が過去から現在まで稼いだ利益を累計、蓄積したものである**利益剰余金**（retained earnings）も純資産です。利益剰余金は、貸借対照表（BS）と損益計算書（PL）がつながる場所です。損益計算書で計算された**当期純利益**（net income）は、貸借対照表の利益剰余金に加算されていきます。利益剰余金が順調に増加していれば企業は堅実に成長しているといえますが、**当期純損失**（net loss）が続くと利益剰余金は毎期その分だけ減少していき、純資産も縮小してしまいます。純資産がマイナスになると会社は、債務超過にあるといわれます。資産より負債が多くなっており、**倒産**（bankruptcy）の可能性が高いことを意味します。

　その他の純資産項目としては、**自己株式**（treasury stock）があります。自己株式とは、自社が発行した株式を取得したものをいいます。自己株式は、資本金の払い戻しの性格があるため、純資産の減少項目とされます。敵対的買収されないための防止策としたり、**資本利益率**（ROE）を上げたりするために、経営政策の一環として自己株式の取得をする企業が増えています。

▌stockholders' equity　純資産

Stockholders' equity increases with the issuance of stock and decreases from dividend payments.
（純資産は株式発行により増加し、配当金支払いにより減少する。）

> **Column**　純資産とは
>
> 　日本語では、株主より調達した資金で返済義務がないという意味で「自己資本」と呼びます。返済義務がある銀行借入や社債発行による資金調達は企業の外から調達したという意味合いで「他人資本」と呼びます。この自己・他人という資本の区別は日本特有のものといえます。以前は資本と呼ばれていましたが、平成18年以降、正式名称は、純資産となっています。
>
> 　一方、英語では会社は株主のものという欧米の感覚がより強くなり、株主を同義語で言い換えたいろいろな呼称があります。shareholders' equity、stockholders' equity、owners' equityなど、すべて純資産を指します。
>
> 　また、純資産には資産から負債を引いた正味価値という意味合いもあるため、英語でもnet assets、net worthということもあります。ここでことを複雑にするのは、株主資本という日本語です。これは、一見shareholders' equityを逐語訳したものに見えるので、純資産と結びつきやすいと思います。ファイナンスの世界での株主資本は、デットファイナンスとの対比によるエクイティファイナンスに相当する部分を念頭に置いているため、株主資本は純資産と同義であることが多いです。しかしながら、会計の世界では、株主資本は純資産の内訳項目の一つとなっており、純資産に属していますが、純資産と同じではありません。現行の日本の連結会計制度では、株主資本に含まれるのは、資本金・資本剰余金・利益剰余金・自己株式などです。一方、純資産とは、株主資本にその他有価証券評価差額金などの時価評価項目および新株予約権や非支配株主持分などの他の純資産項目を合算したものを指しています。

・tend to *do* ～する傾向がある

No. 26

損益計算書
— income statement

　損益計算書は、1年間や四半期（3か月間）などある一定期間の会社の経営成績を表したものです。損益計算書は、英語では、income statement（IS）、profit and loss statement（PL）や statement of earnings などいろいろな呼称があります。収益から費用を差し引いていくら利益が残ったかを示す構造となっています。損益計算書を見れば、会社がどのくらいの費用を使っていくら稼ぎ、最後にいくら儲けとして残ったのかを知ることができます。

　損益計算書は5つの利益で構成されています。

```
売上高
　　▲売上原価
売上総利益
　　▲販売費および一般管理費
営業利益
```

```
　　▲営業外収益・費用
経常利益
　　▲特別利益・損失
```

```
税引前当期純利益
　　▲法人税等
当期純利益
```

POINT1 売上総利益・営業利益

　売上高（sales）は、製品や商品、サービスなどを販売した額です。売上高から売上原価（cost of goods sold）を引くと売上総利益（gross profit）となります。売上原価とは、商品などの仕入額にあたります。売上総利益からさらに販売費および一般管理費（selling, general and administrative expenses）を引くと営業利益（operating income）を求めることができます。日本語では、販売費および一般管理費はよく販管費と略されます。

　販売費および一般管理費の例としては、テレビコマーシャルや雑誌広告などの広告宣伝費（advertising expense）やサンプル配布や販売奨励金などの販売促進費（promotion expense）などがあります。さらに商品を梱包・発送するのにかかる費用である荷造運賃費もあります。これらは、売上に比較的連動している費用であり、売上高が上がると増加する傾向にあります。また、人件費に分類される給与、賞与、福利厚生費などもここに入ります。

　そのほか、新しい技術を確立したり新製品を生み出したりするための研究開発費（research and development expense）、管理部門で使用する固定資産の減価償却費（depreciation）や賃借料（rent expense）なども販管費です。

　営業利益は、売上総利益から販売費および一般管理費を引いた利益で、「企業が本業から稼いだ利益」と定義づけられます。

operating income　営業利益

The company uses the **operating income** to sales ratio as the main indicator of profitability.
（会社は営業利益率を収益性の主な指標として用いている。）

・indicator 指標

POINT2 営業外損益

営業利益の後は、本業以外の利益である営業外収益を加算し、本業以外の費用である営業外費用を差し引いて**経常利益**（ordinary profit）を算出します。

営業外収益（non-operating income）には、銀行預金から生じる**受取利息**（interest income）や株式を保有していることで受領する**受取配当金**（dividend income）などがあります。その他、**家賃収入**（rent income）や仕入割引などがあります。

営業外費用（non-operating expense）には、銀行から借入をしている場合に払う**支払利息**（interest expense）や社債を発行している場合に社債購入者に払う社債利息などの金融費用などがあります。

その他、決算期によって、営業外収益にも営業外費用にもなりうるものもあります。グローバル展開が進むと外貨建て取引が増え、外貨建金銭債権債務から**為替差益**（foreign exchange gain）や**為替損失**（foreign exchange loss）が発生します。例えば外貨建ての買掛金を持つ場合、仕入をして買掛金が発生したときのレートが1ドル100円であっても、1か月後に実際支払う際に1ドル110円になっていることがあります。このときは、1ドルあたり10円余分に支払わなくてはならなくなり、為替差損が出ます。あるいは、投資関連の損益も営業外区分となります。**持分法による投資損益**（equity in investee income）です。ある会社の株式を20％以上50％未満保有している場合は、原則として関連会社に該当することが多く、関連会社が稼いできた当期純利益を株式の持分の割合に応じて自社の営業外損益として取り込むことができるのです。

non-operating expense　営業外費用

Financing costs often account for a large percentage of **non-operating expenses**, making them an important factor in analyzing a company's financial situation.
（資金調達の費用は、営業外費用に大きな割合を占めることが多く、会社の財務体質の分析に重要である。）

POINT3 特別利益と特別損失

　経常利益の次には、**特別利益**（extraordinary gain）と**特別損失**（extraordinary loss）があります。これは、企業の通常の事業活動外で臨時に発生する巨額のものが該当します。特別利益の例としては、投資有価証券売却益や固定資産売却益などがあります。特別損失には、巨額の固定資産を処分したときの固定資産除却損や固定資産の**減損損失**（impairment loss）、事業再編を進める過程で出る構造改革費用などがあります。

　経常利益に特別利益を加算、特別損失を減算して**税引前当期純利益**（income before income taxes）を求めます。ここから、税法に基づいて計算された法人税・事業税・住民税を差し引いた最終の利益を**当期純利益**（net income）と呼びます。

net income　当期純利益

The company reported a 20% decline in **net income** over the prior year against the analysts' forecasts.
（アナリストの予想に反して、会社の当期利益は前年比で20％減少した。）

・account for（割合）を占める　・forecast 予想

キャッシュフロー計算書
— cash flow statement

キャッシュフロー計算書は、会社の資金の流れを簡潔に示したものです。会計期間が1年間の場合、キャッシュフロー計算書を見ると期首にあったキャッシュの額がどのような要因で増減して期末のキャッシュ額になったのかがわかります。また、その会社のキャッシュを生み出す力や、どのくらいの資金を必要としているか（cash needs）を知ることもできます。

キャッシュフロー計算書は、営業活動、投資活動、財務活動という3つの活動に分けてお金の流れを説明します。

＊キャッシュフロー計算書におけるキャッシュの範囲は、現金および現金同等物と定義されています。現金には、手許現金（cash on hand）や普通預金のように預金者の要求に応じていつでも引き出すことができる要求払預金（demand deposit）があります。現金同等物（cash equivalents）とは、容易に換金でき（highly liquid）、価格変動のリスクが少ない短期投資（short-term investment）のことで、例えば3か月以内の定期預金や譲渡性預金（certificate of deposit）などがあります。

キャッシュフロー計算書
cash flow statement
- ・営業活動によるキャッシュフロー
  cash flows from operating activities
- ・投資活動によるキャッシュフロー
  cash flows from investing activities
- ・財務活動によるキャッシュフロー
  cash flows from financing activities

POINT1 営業活動によるキャッシュフロー

営業活動によるキャッシュフロー（cash flows from operating activities）は、企業の本業である営業活動からどれだけ稼いで資金を獲得したかを表します。キャッシュアウト（支出）として現金が出ていくキャッシュアウトフローの例としては、原材料や商品などの仕入れ先への支払い（cash payment to suppliers）、従業員の給与・賞与の支払い、利息や税金の支払いなどがあります。キャッシュイン（現金収入）の代表例は、売掛金の回収（collection of receivables）や利息および配当金の受け取り（interests and dividends received）などです。健全な企業では、営業活動によるキャッシュフローがプラスとなり、結果としてキャッシュを生み出し、期首よりキャッシュが増加します。営業活動で稼いだキャッシュを積極的に投資し、事業を成長させ（投資活動）、残ったキャッシュの一部を株主や投資家へ還元する（財務活動）というサイクルで、効果的に資金を循環させることが重要です。

cash flows from operating activities
営業活動によるキャッシュフロー

When there is a negative **cash flow from operating activities**, it is highly likely that the company is in a difficult situation.
（営業活動によるキャッシュフローがマイナスの場合は、かなり厳しい状況にある可能性が高い。）

cash payment to suppliers　仕入れ先への支払い

When the time period for receiving payments from sales is longer than the time allowed for making **cash payments to suppliers**, cash flow management becomes difficult.
（売上代金の回収までの期間が、仕入れ先への支払いまでの期間より長いと、資金繰りを圧迫する。）

・cash flow management キャッシュフロー管理、資金繰り

POINT2 投資活動によるキャッシュフロー

投資活動によるキャッシュフロー(cash flows from investing activities)は、営業活動で稼いだキャッシュや財務活動によって流入したキャッシュを利用してどのような投資を行ったかを示します。支出の例としては、工場設備など有形固定資産の取得による支出(purchase of fixed assets)や、会社買収など他企業の株式を購入した際の投資有価証券取得による支出(purchase of securities)、貸付金をしたときの支出などがあります。収入の例としては、保有している土地や建物を売却して処分する場合の有形固定資産売却による収入(proceeds from sale of fixed assets)などがあります。投資活動によるキャッシュフローに現金流入が多い場合は、不要な資産を処分して現金に換えているなど、資金難に直面しているか、業績転換のため資産の整理や圧縮を進めているケースなどが考えられます。

cash flows from investing activities　投資活動によるキャッシュフロー

A company's approach to investment is reflected in its **cash flows from investing activities**.
(投資活動によるキャッシュフローには、企業の投資に対する取り組みが反映される。)

purchase of fixed assets　有形固定資産の取得

Selling off fixed assets creates an influx of funds, while the **purchase of fixed assets** drains funds.
(有形固定資産の売却では資金が流入し、有形固定資産の取得では資金が流出する。)

POINT3 財務活動によるキャッシュフロー

財務活動によるキャッシュフロー(cash flows from financing activities)は、企業の資金調達や、借入金(loan)の返済などの動きを表すキャッシュフローです。株主から資金を調達する場合は、株式の発行による収入(proceeds from issuance of stock)として表します。銀行

などの債権者から資金を調達するときは、**借入れによる収入**（proceeds from loan）と借入金の返済による支出で示します。一方、社債を発行して資金を集めるときは、社債の発行による収入と社債の償還による支出として表します。また、株式会社の重要な活動として、出資してくれた株主に利益の一部を配当として支払う際は、**配当金の支払額**（dividends paid）という財務活動におけるキャッシュアウトフローになります。その他、自己株式取引も**自己株式の取得による支出**（purchase of treasury stock）として表現されます。

▌cash flows from financing activities
財務活動によるキャッシュフロー

When there is a positive **cash flow from financing activities**, it is possible that this is compensating for an insufficient cash flow from primary business activities.
（財務活動によるキャッシュフローがプラスの場合、本業によるキャッシュフローの不足を補っている可能性がある。）

▌dividends paid　配当金の支払額

Dividend received is included in cash flows from operating activities, but **dividends paid** are classified as cash flows from financing activities.
（配当金の受取額は営業活動によるキャッシュフローに含まれるが、配当金の支払額は財務活動によるキャッシュフローに分類される。）

・influx 流入　・drain 枯渇させる　・compensate for 〜を埋め合わせる、相殺する
・insufficient 不十分な　・classify 分類する

No. 28

運転資金
── working capital

　実際のビジネスの場面では、売上による現金収入が入る前に仕入代金の支払いをしなければならないことがあります。売上代金回収のお金をあてにできないので、仕入代金の支払いを用意しておかなければなりません。手元に残っている現金（cash on hand）を支払いにあてるか、それで足りない場合は、銀行から借り入れるなどしてお金を調達する必要があります。このように、支払い（cash out）と入金（cash in）のタイミングのずれを埋めるのに必要なお金を**運転資金**と呼びます。英語では working capital といい、**運転資本**と訳されることもあります。

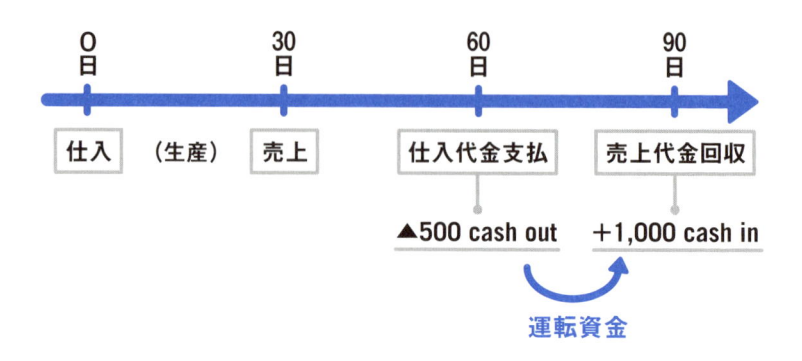

0日	30日	60日	90日
仕入	（生産）　売上	仕入代金支払	売上代金回収
		▲500 cash out	+1,000 cash in

運転資金

POINT1 運転資金

　運転資金（working capital）のイメージをつかむため、まず前ページの会社のお金の流れ（cash cycle）を見ていきましょう。例えば、原材料を500円で仕入れて生産加工し、1,000円で販売する製造会社があるとします。仕入代金を60日後に支払う約束ですが、完成した製品を売上げてから回収までに60日かかるとします。現金の支出（cash out）は、仕入れてから60日後に起こりますが、売上が仕入れから30日後に起きた場合は、現金の回収（cash collection）は仕入れから起算すると90日後ということになるため、30日のずれを埋めるための資金が必要となります。これを運転資金と呼びます。運転資金は、日々会社を運営する（run the firm）ために必要なキャッシュです。

　運転資金は、以下の公式で求めることができます。

　運転資金　＝　　売掛金　＋　棚卸資産　－　買掛金
(working capital)　(accounts receivable)　(inventory)　(accounts payable)

working capital　運転資金
Reduction in **working capital** results in the generation of free cash flow with which companies can engage in reinvestment or shareholder return.
（運転資金を削減するとフリー・キャッシュ・フローを生み出すことができ、会社は再投資あるいは株主還元に用いることができる。）

raw materials　原材料
We normally pay 90 days after the date of purchase of **raw materials**.
（我が社では通常、原材料購入から90日後に代金を支払う。）

・reduction 削減　・result in 〜という結果になる　・engage in 〜に従事する
・reinvestment 再投資

POINT2 キャッシュ・コンバージョン・サイクル（CCC）

　運転資金は、前述のように勘定科目から計算され、金額で表されますが、運転資金を日数で表したものを**キャッシュ・コンバージョン・サイクル**（cash conversion cycle：CCC）といいます。CCCは、営業サイクルの初めに仕入れのお金を払ってから売上代金を回収してお金が戻ってくるまでの日数を示しています。CCCの日数が少なければ少ないほど現金の回転が速く、手元資金に余裕が生まれます。CCCは以下の式で定義されます。

CCC ＝ 売掛金回転日数 ＋ 棚卸資産回転日数 － 買掛金回転日数
　　　(accounts receivable days)　(inventory days)　(accounts payable days)

　会社は、通常、仕入れたときに即座に現金で支払う必要はなく、前述のケースでは仕入時の60日後に仕入代金を支払うという債務である**買掛金**（accounts payable）が発生します。そして加工が進むにつれ、仕入れた**原材料**（raw materials）は**仕掛品**（work-in-process）になり、最後は出荷前の**製品**（finished goods）となります。原材料・仕掛品・製品は、すべて貸借対照表の**棚卸資産**（inventory）の構成要素です。製品を売上げると、**売掛金**（accounts receivable）が発生します。売掛金は、売上時に支払いを求めずに顧客に支払いの猶予を与え（extend credit）たもので、この例の場合は売上後60日以内に売上代金を回収するという債権です。

▌cash conversion cycle　キャッシュ・コンバージョン・サイクル

The company managed to reduce its **cash conversion cycle**, allowing it to borrow less from the bank.
（会社は、キャッシュ・コンバージョン・サイクルを短くすることができたため、銀行からの借入を減らすことができた。）

▌finished goods　製品

Inventory of **finished goods** refers to finished products ready for sale and shipment to customers.
（製品在庫とは、顧客への販売および出荷待ちの完成品を指す。）

POINT3 運転資金を分析する意味

運転資金を分析すれば、会社の営業活動サイクル（operating cycle）においてキャッシュがどのように動いているのかを把握することができます。つまり、会社が生み出すキャッシュ、および会社から出ていくキャッシュをはっきりとらえることができます。会社には仕入代金の支払い以外にも、従業員の給与（salaries for employees）や税金の支払いもありますし、事務所や工場を構えていれば電話代や水道光熱費（utilities expense）などの決まった支払いも避けられません。さらに、事業規模が拡大したり売上が減少したりすると、運転資金は増加することになり、企業の資金繰りをタイトにします。運転資金が準備できないと各種の支払いができなくなり、黒字倒産にもなりかねません。運転資金を時系列に分析し管理していくことは、企業の存続にとって不可欠です。この運転資金管理（working capital management）は運転資金を構成する3つの要素である売掛金・棚卸資産・買掛金に注目して行います。

▌operating cycle　営業活動サイクル

The **operating cycle** starts with the purchase of inventory and ends with the collection of cash from customers.
（営業サイクルは棚卸資産の購買に始まり、顧客からの現金回収に終わる。）

▌utilities expense　水道光熱費

After an advanced type of reactor was installed at the factory, the **utilities expense** suddenly soared this month.
（新型のリアクターを工場に据え付け後、今月の水道光熱費が突然上昇した。）

・shipment 出荷

No. 29

運転資金管理
―― working capital management

運転資金を上手に管理するためにはどうしたらよいのでしょうか。まずは、先に見た運転資金の計算式をもう一度見てみましょう。

運転資金　＝　　売上債権　＋　棚卸資産　－　仕入債務
(working capital)　(accounts receivable)　(inventory)　(accounts payable)

運転資金が少額であればあるほど企業の資金繰りが楽になることは、すでに見てきました。運転資金を縮小するには、上の**売上債権、棚卸資産、仕入債務**の３つの要素を上手にマネジメントすること（＝**運転資金管理** working capital management）が必要です。つまり、売掛金および棚卸資産を圧縮し、増えないように気をつけるのです。買掛金は、言ってみれば、仕入先からお金を借りているようなものなので、この部分は多少増加しても企業の資金繰りにはプラスに動きます。

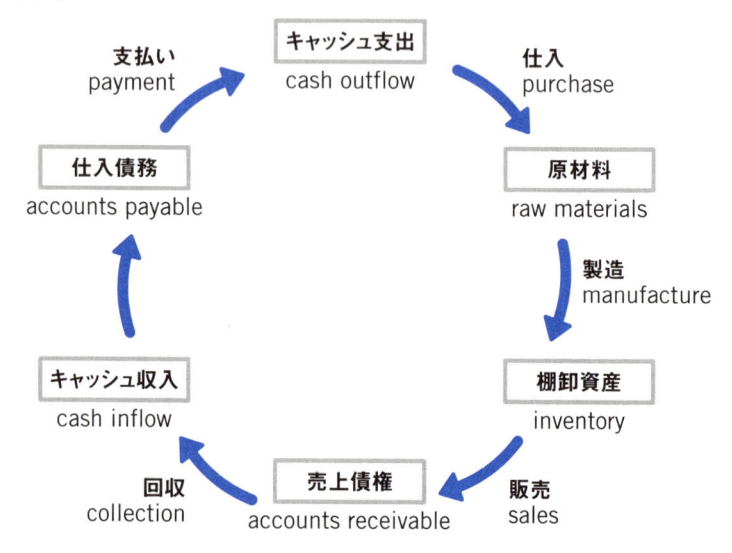

```
        支払い              キャッシュ支出            仕入
        payment  ────►     cash outflow    ────►   purchase
           ▲                                          │
           │                                          ▼
        仕入債務                                     原材料
    accounts payable                              raw materials
           ▲                                          │
           │                                       製造 manufacture
           │                                          ▼
       キャッシュ収入                                 棚卸資産
       cash inflow                                  inventory
           ▲                                          │
           │       回収            売上債権          販売
           └──── collection ◄── accounts receivable ◄── sales
```

POINT1 回転期間

運転資金管理には、**回転期間**（turnover period）を用いた分析が有益です。

売上債権回転期間（accounts receivable turnover period）は、**売上債権**（＝受取手形＋売掛金）を**月商**（average monthly sales）で割って求めます。月商とは1年間の売上高を12で割って求める1か月の平均売上高を指します。売上債権回転期間は、売り上げてから売上債権を回収するのにかかる月数を表します。期間が短いほど、回収の速度が速く資金繰りに余裕が生まれます。

$$売上債権回転期間 = \frac{受取手形＋売掛金}{月平均売上高(売上高 \div 12)} \quad (月)$$

仕入債務回転期間（accounts payable turnover period）は、**仕入債務**（支払手形＋買掛金）を月平均の**売上原価**（cost of goods sold）で割って求めます。仕入債務回転期間は、原材料・商品を仕入れてから支払うまでの月数を示しています。

$$仕入債務回転期間 = \frac{支払手形＋買掛金}{月平均売上原価(売上原価 \div 12)} \quad (月)$$

▎accounts receivable turnover period 売上債権回転期間

Accounts receivable turnover period measures how fast cash collections occur.
（売上債権回転期間は、現金回収がどのくらいの速さで行われているかを測定する。）

▎accounts payable turnover period 仕入債務回転期間

The shorter **accounts payable turnover period**, the shorter the time between the purchase and cash payment.
（仕入債務回転期間が短いほど、購入と現金による支払いの間の時間は短くなる。）

POINT2 売掛金管理

　売掛金（accounts receivable）は、商品を出荷して売り上げたけれどもまだ回収されていない売上代金です。売掛金を回収すると会社に現金が入ってくるので、運転資金の縮小（reduce working capital）には即効性があります。

　まず、確実に売掛金を回収する（collect）ことです。回収の可能性が低い新規の取引先の場合には、信用取引をしないなど、最初の段階から貸倒損失（bad debt loss）をなくす努力をします。具体的には、売掛金回収予定日に客先からの入金があるかを必ずチェックします。入金遅れがある場合は、営業部と経理部が連携し、すぐに状況を確認して回収に努めます。また、定期的に売掛金年齢表（accounts receivable aging list）を作成します。売掛金年齢表とは、客先ごとに売掛金を期日別に表したものです。年齢表を見れば、その売掛金が発生から何日たっているのかがすぐにわかるので、回収が遅れているものをチェックしやすくなります。

　次は、なるべく早く売掛金を回収することです。会社全体の売掛金回収日数と比べて極端に回収日数の長い得意先がある場合は、回収方針（collection policy）を見直す作業をします。交渉の余地がある相手先には、交渉して売掛金の支払期間を短縮して（shorten collection period）もらうようにします。

　また、売上債権回転期間を定期的に比較します。大きな増加がある場合は、回収が遅れていたり、回収不能（uncollectible）になっている債権がある可能性が高くなります。

aging list　年齢表

The **aging list** clearly shows how many accounts receivables are left uncollected and for how long.
（年齢表を見れば、どのくらいの売掛金がどのくらいの期間回収されずに残っているかがわかる。）

bad debt loss　貸倒損失

An experienced credit manager can be hired to protect against abnormal **bad debt loss**.

(経験豊富な信用取引担当マネージャーを雇うことで異常な貸倒損失を防ぐことができる。)

POINT3 買掛金管理

買掛金（accounts payable）は債務ですが、仕入先から購入したものを受け取ったときにすぐに支払わなくてよいため、仕入先からの一種の**短期融資**（short-term financing）ともいえます。買掛金の期日までは、買手である仕入先が売手に支払いの猶予を与えていることから、買掛金のことを**企業間信用**（trade credit）と呼ぶこともあります。買掛金の支払いを遅くすればするほど、企業の運転資金の縮小には有利に働きます。売掛金と同じく、取引を開始するときに支払条件を自社の運転資金が縮小するように設定する努力をします。**支払サイト**（terms of payment）の短縮を仕入先が要求してきても、むやみに応じないようにします。会社全体の買掛金の支払猶予期間に比べて不当に短い条件で契約している仕入先があれば、交渉をして合理的な支払期間に変えてもらうようにします。また、仕入債務回転期間を計算して定期的に比較し、**支払期日**（due date）が急に短縮されていないかなど、支払条件をチェックすることが大切です。

▌trade credit　企業間信用

When **trade credit** is available, we do not have to pay for goods on delivery, but instead at a later agreed-upon date.
（企業間信用が得られる場合は、配達時ではなく後日合意した日に商品の代金を払うことができる。）

▌due date　支払期日

We were charged with penalties by our supplier because our payment was made after the **due date**.
（支払いが支払期日より遅れたため、仕入先よりペナルティを科された。）

・uncollected 回収されていない　・abnormal 異常な　・agreed-upon 合意された

棚卸資産管理
— inventory management

　仕入から販売代金の回収に至るサイクルを日数で表現するモデルを**キャッシュ・コンバージョン・サイクル**（cash conversion cycle, CCC）と呼びます。CCC は運転資金構造をわかりやすくとらえることができるため、近年注目されている指標です。CCC は以下の式で求められます。

CCC日数＝売上債権回転日数＋棚卸資産回転日数－仕入債務回転日数

　ここでは、運転資金管理の重要な要素である**棚卸資産管理**（inventory management）に焦点をあてて見ていきたいと思います。CCC は日数でものごとを考えますが、ここでは月単位で棚卸資産の回転を考えていきます。棚卸資産は、物流の現場や会社内ではふつう**在庫**（stock）と呼ばれます。

$$\text{棚卸資産回転期間} = \frac{\text{棚卸資産}}{\text{1か月あたりの売上原価（売上原価÷12）}}$$

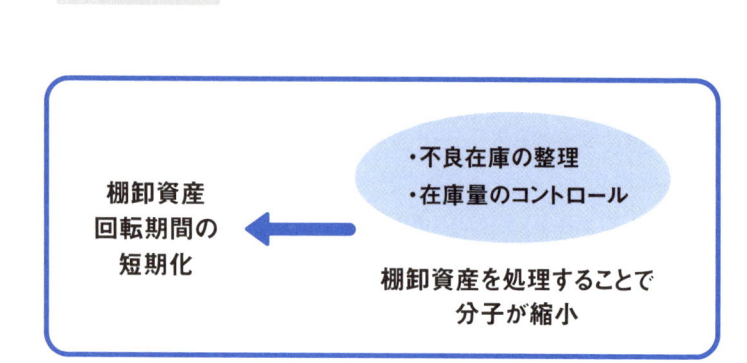

棚卸資産回転期間の短期化 ← ・不良在庫の整理 ・在庫量のコントロール

棚卸資産を処理することで分子が縮小

POINT1 棚卸資産回転期間

まずは、売上債権や仕入債務と同じように、棚卸資産も回転期間による管理が基本となります。**棚卸資産回転期間**（inventory turnover period）は、以下の公式で求めます。

$$\text{棚卸資産回転期間（inventory turnover period）} = \frac{\text{棚卸資産（inventory）}}{\text{1か月あたりの売上原価（cost of goods sold per month）}\begin{pmatrix}\text{売上原価}\div 12\\ \text{cost of goods sold}/12\end{pmatrix}}\text{（月）}$$

例えば求められた回転期間が0.5だとすると、0.5か月なので在庫は半月間**倉庫**（warehouse）にとどまりますが、半月たつと販売され倉庫から出ていき、次の仕入分が納入されてきます。棚卸資産回転期間が短いほど在庫の出荷がうまく回っており、**滞留在庫**（slow moving inventory）が少ないことを意味します。

では、棚卸資産回転期間を短くするにはどのようなことに気をつけたらいいのでしょうか。棚卸資産管理のいろいろな方法を考えましょう。

▍inventory turnover period　棚卸資産回転期間

Decline in **inventory turnover period** is related to a decrease in sales during the holiday season.
（棚卸資産回転期間が悪くなったのは、クリスマスの売上が減少したことが関連している。）

▍warehouse　倉庫

If we construct our own **warehouse**, we can save on **warehouse** rent.
（自社倉庫を建設すれば、倉庫の家賃を節約することができる。）

・decline 低下　・rent 家賃

POINT2 不良在庫の整理をする

　一口に在庫といっても、倉庫に行くと原材料、仕掛品、**完成品**(finished products)、**貯蔵品**(supplies) など、いろいろな在庫の種類があることに気づきます。在庫が蓄積すると、スペースをとる、**保管料**(storage fee) がかかる、**盗難**(theft) にあう、在庫管理の人件費がかかるなど、プラス面はあまりありません。今ある在庫の中で売れるものと売れないものを見極めて、売れないものを処分することが必要です。売れないものは**不良在庫**(obsolete inventory) と呼ばれ、**使用期限の過ぎた**(expired) 原材料やモデルチェンジをした商品の**陳腐化した**(obsolete) 旧式モデルなどがこれにあたります。在庫の絶対量が少なくなることで、回転期間も短くなります。

▎storage fee　保管料

With stock building up, the **storage fee** also keeps increasing.
(在庫の増加に伴ない、倉庫料も上昇が止まらない。)

▎obsolete inventory　不良在庫

The cost of **obsolete inventory** might give a great impact on the company's profit.
(不良在庫のコストは、会社の利益に大きな影響を与えるかもしれない。)

POINT3 在庫量をコントロールする

　在庫量のコントロールの方法を月間レベルで考えてみます。月末の在庫量は以下の式で求められます。

月末の在庫量（①）＝ 月初の在庫数（②）＋ 月間仕入数（③）－ 月間販売数（④）

　在庫は、究極的には最初は少なかった仕入と販売の差がだんだん積もり、大きくなったものです。②で現状の在庫レベルをきちんと把握し、④を合理的に推測しながら③を調整していくことが必要です。②、③、④の３つの要素を上手にコントロールして①の月末の**在庫**

量（level of inventory）を必要最小限にまで削減することで、回転期間を短くすることができます。ただし、在庫は削減しすぎると**品切れ**（inventory shortage）を起こし、販売機会を逸して消費者にも販売先にも迷惑をかけることになります。そのため、会社で適正な**在庫レベル**（adequate inventory levels）をつかむことが非常に大切となります。

よくとられる方法は次の通りです。まず、**需要の予測**（demand forecasting）を立て、売れ行きを予想し、④の月間販売量を試算します。**販売予想量**（sales forecast）をつかんだら、現在ある在庫量と比較して足りない分のみを発注するようにして③の月間仕入数を決めます。その際は、万が一のときのために**バッファー**（buffer）となる安全在庫の分も考慮して仕入数を予測します。製造業の場合は、**生産計画**（production planning）の段階から生産調整をして、需要を上回るような大量生産は避けるようにする工夫が必要です。こうした理論的な方法を支えるためにも、在庫管理では、日々の単位でその時点の出荷と入荷の情報などの**在庫記録**（inventory records）を素早く正確につかむことのできる優れた在庫管理システムが不可欠です。

inventory records　在庫記録

Keeping proper **inventory records** is the key to an effective inventory management.
（在庫記録を正しくつけることは、効果的な棚卸資産管理の鍵だ。）

・proper 適切な

Chapter **4**

経営を見える化する

　質の高い経営をするには、経営の現状を把握することが先決です。今、どんな状態にあるのかを知ってから、どういう状態になりたいのかという経営計画を立てます。この章では、経営の状態をより詳しくつかむための代表的な財務分析の手法や、ROEやEVAなどの経営指標についてもご紹介します。また、会社の戦略や経営目標を実現するのに有効な方法とされている、経営計画の策定・予算管理・責任会計などのコンセプトについてもお伝えします。

財務分析
── financial statement analysis

財務分析とは、財務諸表をいろいろな角度から分析して企業の実態を把握することです。会計データは過去のデータなのでその会社の将来を確約するものではありませんが、企業の事業活動を要約したものなのでその企業の強みや弱みを素早くつかむことができる貴重な情報源といえます。

財務分析を通して、自身の会社の経営状態を把握し、弱点を補強したり、経営管理のための分析データを整えて経営戦略を練ったりすることもできます。また、投資、取引開始、買収などの目的で他の企業の財務分析を行うこともあります。

代表的な財務分析方法には、**比較分析**（comparative analysis）と**比率分析**（ratio analysis）があります。

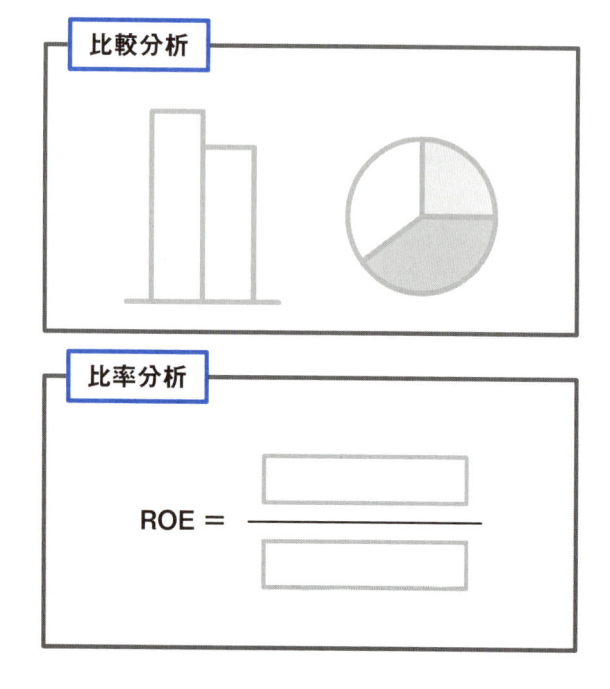

比較分析

比率分析

$$ROE = \frac{\quad\quad\quad\quad}{\quad\quad\quad\quad}$$

POINT1 比較分析

　比較分析は、同一企業を比較する場合と他社との比較をする場合に分かれます。期間比較は、同一企業の財務データを2期間以上の期間にわたり比較し、時系列の比較により特徴や傾向をつかみます。この手法を**傾向分析**（trend analysis）と呼びます。2期間の傾向分析では、**増減額**（amount change）と**増減率**（percentage change）が重要となります。主要な勘定科目ごとに増減額と増減率を算出し、その奥にある原因を探ります。増減率は、増減額を前期の金額で割って求めます。

　また、同じ会計期間の財務データを他社と比較するときは、パーセンテージ（％）を使った分析が有益です。財務諸表の勘定科目などの構成要素をすべてパーセンテージ表示に直した財務諸表を**百分比財務諸表**（common size statement）と呼びます。貸借対照表は、総資産および負債・純資産を100％とします。損益計算書の場合は、売上高を100％とおき、他の要素を売上高に対するパーセンテージで表します。売上原価は、A社は60％、B社は45％、販売管理費は、A社は25％、B社は14％というような表示になります。企業の規模にとらわれることなく実態をつかみたいときに使用します。

▍financial statement analysis　財務分析

Creditors perform a **financial statement analysis** to make sure the company is able to generate enough cash to repay long-term debt to them.
（債権者は財務分析を行い、会社が長期負債を返済するだけのキャッシュを生み出すことができるかを確かめる。）

▍trend analysis　傾向分析

Through a **trend analysis**, the users of financial statements can identify some patterns from the past. Then they examine what caused these patterns and predict future trends.
（傾向分析を通して、財務諸表の使用者は、過去からのあるパターンを発見

・creditor 債権者　・repay 返金する、返済する　・predict 予測する

することができる。そして何が原因でそのパターンを生じさせているのかを調べ、将来の傾向を予測する。）

POINT2 比率分析

比率分析（ratio analysis）は最もポピュラーな分析方法で、売上高営業利益率や負債比率など、決まった算式で比率を求めて分析していく方法です。比率にすれば自分の会社の過去比率を容易に分析できますし、業界を越えた（cross-sectional）他社との比較分析も行うことができます。

比率分析を行う上では、収益性、流動性、生産性の3要素に焦点を当てた分析が重要とされています。

収益性（profitability）は、企業が利益を生み出す力を測るもので、企業の存続を左右する最も大事な指標です。調達した資本を使ってどのように利益を稼いだのかという資本利益率をベースに分析します。代表的なものに**自己資本利益率**（ROE）（→148ページ）や**総資産利益率**（ROA）があります。また、1株がどれだけの当期純利益を稼いでいるかを示す比率である EPS（earnings per share：1株あたり利益）もよく用いられます。

流動性（liquidity）は、企業が債務を返済できるかというデフォルトリスクを測るものです。債務が返済できない（insolvent）と、倒産につながる恐れがあります。そこで企業の支払能力を調べるのです。債務には、返済期限が1年以内ものと返済期限が1年を超えるものがありますので、流動性分析も**短期流動性**（short-term liquidity）と**長期支払能力**（long-term solvency）に分けて行います。

生産性（productivity）は、特に製造業の場合に大切となります。収益性を上げる基盤である生産活動が効率的に行われているかを測るものです。具体的には、付加価値をいかに効率よく生み出しているかの分析になります。

ratio analysis　比率分析

Ratio analysis has its limitations, because income ratios are computed by income statements, which include various allowances based on estimates.

(損益計算書には見積りに基づいた引当金が各種計上されているので、損益計算書の数字を利用した比率分析には限界がある。)

EPS　1株当たり利益

The company adjusted the **EPS** forecast upward, considering current exchange rates and the fact that no other acquisitions are planned for the rest of the year.
(会社は、為替レートの趨勢や、今期にはもう買収案件が予定されていないことから、EPS 予想を上方修正した。)

・limitation 限界　・compute 算出する　・estimate 見積もり　・forecast 予想
・current 現在の　・acquisition 買収

No. 32 流動性分析（1） ―短期安全性―
― short-term liquidity

流動性（liquidity）は、企業の存続にとって大切な要素です。投資家は企業に支払能力があるのか、企業の倒産リスクはどのくらいかを把握する必要があります。流動性分析は、貸借対照表に焦点をあてて行います。他の経営分析と同様、ある会社の一会計期間だけの数字を見るのでなく、3年から5年の長い期間で時系列に指標の推移を見る、あるいは、同業種の他社と指標を時系列で比較をすることが有用になります。

ここではまず、短期的な流動性の分析から見ていきます。

$$\text{流動比率 (current ratio)} = \frac{\text{流動資産 (current assets)}}{\text{流動負債 (current liabilities)}} \times 100 (\%)$$

$$\text{当座比率 (quick ratio)} = \frac{\text{当座資産 (quick assets)}}{\text{流動負債 (current liabilities)}} \times 100 (\%)$$

$$\text{手元流動性比率 (liquidity on hand ratio)} = \frac{\text{現金預金 (cash and deposits)} + \text{有価証券 (securities)}}{\text{※月商 (average monthly sales)}} (月)$$

※月商は、年間売上高を12で割って求めます。

POINT1　流動比率

　流動比率（current ratio）は企業の短期的な支払能力を見るものです。**流動資産**（current assets）を**流動負債**（current liabilities）で割って求めます。1年以内に支払義務のある流動負債を、支払の原資である1年以内に現金化される流動資産でどの程度まかなえるかを示しています。

　流動負債が払えなければ企業は倒産してしまうので、流動比率は企業の流動性をチェックする上で重要な指標です。流動比率が高いほど短期的な資金繰り状況はよいとされ、**1年以内の支払義務**（short-term obligations）に十分対応できると考えられます。流動比率は、業種間で大きく異なるのが特徴です。

current ratio　流動比率

We need to find out why **current ratio** showed a sudden drop in the second quarter.
（なぜ第2四半期に突然流動比率が低下したかを調べる必要がある。）

POINT2　当座比率

　当座比率（quick ratio）も同じように企業の支払能力、短期的な流動性を見るものです。流動比率との違いは、分子の流動資産をさらに精査して比較的短期間で換金可能性の高い資産である**当座資産**（quick assets）に限定していることです。当座資産とは、現金および預金、売上債権（受取手形・売掛金）、**短期所有の有価証券**（short-term investments）などのことです。当座比率は、当座資産を流動負債で割って求めます。通常100%以上あることが望ましいとされています。

　なお、当座資産の中に含まれている**売掛金**（accounts receivables）には注意が必要です。売掛金とは、売上げたものの代金を後々回収するものです。ただし、相手先が倒産寸前などで支払い能力がない場合に、売掛金が回収できなくなる（uncollectible）ときがあります。それは企業の損失になってしまいます。当座比率を計算する際には、売掛金に対して**貸倒引当金**（allowance for uncollectible accounts）を計上している場合は、必ずそれを加味して正味の売掛金残高を使用しな

ければなりません。

　流動比率と比較すると、当座資産には**棚卸資産**（inventories）が含まれていないことがわかります。一口に棚卸資産といっても、その中には出荷待ちの**完成品**（finished products）もあれば、加工中の状態である**仕掛品**（work in process）、そして**原材料**（raw materials）もあります。一般的に仕掛品や原材料はすぐに現金化（converted to cash）することが容易ではありません。また、棚卸資産には、**滞留在庫**（slow-moving inventory）といって陳腐化してしまって売れる見込みの少ない在庫や、返品されてきて再出荷される見込みのない在庫などが含まれている可能性があります。不良在庫と呼ばれることもあります。これらは、現金化する可能性の非常に低いものです。このように、現金化されやすい資産に絞って流動性を検証している点で、当座比率は流動比率に比べ、より正確な流動性を見ることができるといえます。

quick ratio　当座比率

Quick ratio provides more information on a company's ability to pay for debts.
（当座比率は、会社の負債支払能力についてより多くの情報を提供する。）

POINT3　手元流動性比率

　手元流動性比率（liquidity on hand ratio）は、企業の支払能力を1か月単位で見るものです。すぐに支払いなどに使えるお金が**月商**（monthly sales）の何か月分あるかを示します。手元流動性比率は、現金および預金に**売買目的の有価証券**（marketable securities）を加えたものを月商で割って求めます。

　一般に、手元流動性比率が高いほど、その企業は短期の支払能力が高いとされます。しかしながら、手元流動性比率が異常に高い場合は、現金や有価証券などの資産がうまく運用されずに**余剰資金**（excess cash）として滞留している可能性もあります。その場合は、設備投資などの再投資はしているのか、あるいは、配当金の支払いなど株主還元策はどうなっているのかなど、企業経営として別の問題も浮上してくることもあるので注意が必要です。

liquidity on hand　手元流動性

We need to make sure that we have enough **liquidity on hand** to cover for the unpredictable occurrences.
（不測の事態に対応できるよう十分な手元流動性を持っているか確かめる必要がある。）

・provide 提供する　・cover 埋め合わせる、負担する　・unpredictable 予測できない

No. 33

流動性分析（2）—長期安全性—
— long-term solvency

　長期の流動性は、3年間や5年間という1年を超える長い借入期間の借入金を返済する能力があるか、長期にわたって財務的に安定しているかを分析するものです。会社は多くの場合、金額が高く、現金収入として投資を回収するのに時間のかかる固定資産の購入や長期保有目的の子会社株式の買収資金などを、銀行借入や社債などの固定負債で調達します。ここでは、固定資産の投資と資金調達のバランスを分析していきます。

自己資本比率
C/A

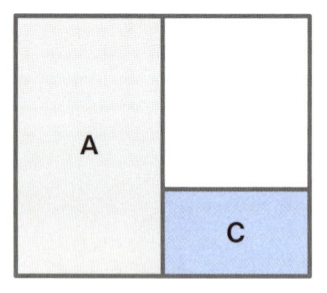

固定長期適合率
A_2/B_2+C

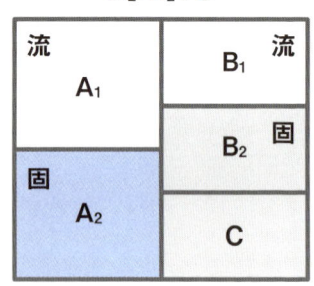

固定比率
A_2/C

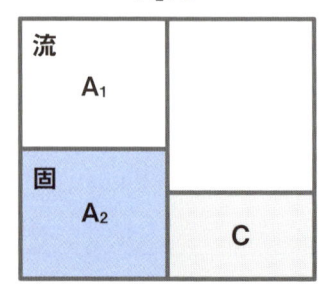

A ：（総）資産
A_1：流動資産
A_2：固定資産
B_1：流動負債
B_2：固定負債
C ：自己資本

POINT1 自己資本比率

　企業の中長期的な安定性を示す指標として代表的なものは、**自己資本比率**（equity ratio）です。自己資本比率とは、調達資金の運用結果である資産をどの程度自己資本でまかなっているかを示す割合です。**株主資本比率**と呼ぶこともあります。自己資本とは、主に企業が株式により株主から調達した部分で、負債による調達と違って返済義務がないのが特徴です。自己資本比率は、自己資本（＝純資産）を資産で割って求めます。一般的に、自己資本比率が高いほど借入金などの他人資本への依存が低く、財務の**健全性**（soundness）は高いと言われます。資金繰りが安定している会社は、利息負担も少なく本業の経営活動に集中することができます。

$$\text{自己資本比率 (equity ratio)} = \frac{\text{自己資本 (owners' equity)}}{\text{総資産 (total assets)}} \times 100 (\%)$$

equity ratio　自己資本比率

From the perspective of shareholders, a higher **equity ratio** could represent a larger residual claim.
（株主の視点から見ると、自己資本比率が高い場合は、より多くの残余利益の分配を受ける権利があることを意味する。）

POINT2 固定比率

　固定比率（fixed assets to net worth ratio）とは、固定資産と自己資本を比べたものです。工場建設などの設備投資は、収益を上げて投資を回収（recover investment）できるまで数年はかかるといわれます。固定資産の投資は、返済の必要のない株主からの資金、つまり自己資本によって賄うほうが、財務の安全性を確保できると考えられています。固定比率は、固定資産の投資がどの程度無理なく自己資本の

・perspective 視点　・represent 表す　・residual 残余の、剰余の

範囲内で行われているかを見る指標です。固定資産を自己資本で割って求めます。固定比率は、低いほどよいとされます。自己資本のことを英語では別名 net worth と呼びます。

$$固定比率 = \frac{固定資産 (\text{fixed assets})}{自己資本 (\text{net worth})} \times 100 (\%)$$

一般的に、固定資産は年度が進むとそれだけ減価償却が進み、固定資産価額は減少していきます。また、設備投資が功を奏して利益を生み出すことができれば、結果として**利益剰余金**（retained earnings）が増えて自己資本が増加します。したがって、設備投資初年度は大変ですが、数年間の推移を見ると、固定資産が減少し自己資本が増加する傾向にあるので、他の条件が一定であるとすれば、理論的には固定比率は減少していくと考えられています。

▌fixed assets to net worth ratio　固定比率

With **fixed assets to net worth ratio**, we can know how much owner's equity is invested in plant and equipment.
（固定比率により、どのくらい自己資本が固定資産に投資されたかがわかる。）

POINT3　固定長期適合率

固定長期適合率（fixed assets to fixed liabilities and net worth ratio）とは、先の固定比率の分母の自己資本に**固定負債**（fixed liabilities / non-current liabilities）を加えて**固定資産**（fixed assets）との比率を見るものです。固定負債には、銀行からの長期借入金や社債などの**他人資本**と呼ばれる資金が含まれています。固定資産への投資額が、固定負債および自己資本と上手くバランスがとれているかを見る指標です。固定長期適合率は、固定資産を固定負債と自己資本の合計で割って求めます。100％以下であれば**健全**（sound）であるとされます。

$$固定長期適合率 = \frac{固定資産 \text{(fixed assets)}}{固定負債 + 自己資本 \text{(fixed liabilities and net worth)}} \times 100 (\%)$$

　自己資本が小さい会社では、自己資金のみで設備投資をするには限界があるので、どうしても銀行から借入をする局面が出てきます。利益が出てそれが蓄積し自己資本が増強されるのを待っていては、市場での機会（opportunity）を喪失してしまいます。設備投資のアクションが遅いと市場での競争力を失うことにもつながるので、資本回収に長期間かかる固定資産の投資額は、長期間で返済することができる固定負債で賄うのが理にかなっているとされます。

　貸借対照表の構造を見るとよくわかるのですが、流動比率と固定長期適合率は表裏一体の関係にあります。固定長期適合率が高く、流動比率が低い場合は、短期的な負債で長期的な投資を運用しているアンバランスな状態にある可能性が考えられます。流動比率が低いので短期的な支払能力も低いと見なされます。企業としては、資金繰り計画を見直すべき状況です。

▍sound　健全である

Before granting a line of credit, banks have to confirm that the company will be able to stay financially **sound**.
（銀行は貸付をする前に、その会社が財務的に健全でいることができるかを確かめなければならない。）

・grant 与える　・confirm 確かめる

自己資本利益率（ROE）
— return on equity

　自己資本利益率（ROE）は、当期純利益を自己資本（株主資本）で割って求めます。分母の株主資本は、前期末と今期末の**株主資本の平均値**（average equity）を用います。株主が提供した資本からどれだけ当期純利益が生み出されたかを示します。株主資本に対するリターンを示す株主視点の指標であり、ROEが高いほど株主から見た投資効率が高いことを意味します。

　ROEの内容は、アメリカのデュポン社が開発したデュポン分析 Dupont analysis と呼ばれる有名な **ROE分解**（ROE decomposition）を見ると理解しやすくなります。デュポンモデルによれば、ROEは**収益性、資産効率性、財務レバレッジ**という3要素に分解されます。ここでは、これらの要素を一つひとつ見ていきましょう。

$$\text{ROE} = \frac{\text{当期純利益 (net income)}}{\text{自己資本 (owners' equity)}} \times 100\,(\%)$$

$$= \frac{\text{当期純利益 (net income)}}{\text{売上高 (sales)}} \times \frac{\text{売上高 (sales)}}{\text{総資産 (total assets)}} \times \frac{\text{総資産 (total assets)}}{\text{自己資本 (owners' equity)}}$$

POINT1 売上高当期純利益率

　売上高当期純利益率（net income ratio）は、当期純利益（net income）を売上高（sales）で割って求めます。売上高に対する当期純利益の割合を示す収益性（profitability）の指標です。売上高を単に高くすればいいというものではなく、むしろ最後に株主のために残る（available to shareholders）当期純利益を少しでも多くするよう、いかに費用を抑えてコントロールする（control）かが大切になります。

▎return on equity　ROE

Return on equity measures profitability from the perspective of shareholders.
（ROE は、株主の視点から収益性を測定する。）

▎control expenses　費用をコントロールする

The board members urged the management team to **control expenses** efficiently.
（役員は、マネジメントチームに効率よく費用をコントロールするよう要請した。）

POINT2 総資産回転率

　総資産回転率（asset turnover）は売上高（sales）を総資産（total assets）で割って求めます。資産をいかに上手に活用して売上を上げているか（＝資産効率性 asset utilization）を示します。総資産回転率が高いほど、売上によって総資産が回収される速度が速いことを示します。総資産回転の傾向値をつかんだら、資産を構成する主要な項目である売上債権・棚卸資産が滞留せず効率よく回転しているかをチェックして管理することが、ROE 向上につながります。

・profitability 収益性　・urge 要請する　・efficiently 効率よく

asset turnover　総資産回転率

Asset turnover is a key ratio companies use to deploy their assets efficiently.
（総資産回転率は、会社が資産を効率よく使用するための主要な指標である。）

asset utilization　資産使用効率

A higher **asset utilization** means the company is being more efficient with every dollar of assets it owns.
（高い資産効率とは、会社が保有する資産額のすべてを有効に使おうとすることである。）

POINT3　財務レバレッジ

財務レバレッジ（financial leverage）は、企業の**安全性**を表す数値で、**総資産**（total assets）を**株主資本**（owners' equity）で割って求めます。総資産は**総資本**（total equity）と同じ値なので、総資本のうちどのくらい自己資本が占めるかの資本調達の構成を示します。財務レバレッジが高いほど負債による調達比率が多いことを示します。貸借対照表の貸方の資金の調達サイドの話で、原理的には**負債比率**（debt ratio）を上げ株主資本の比率を下げれば、この数値は高くなります。

例えば、**借入**（borrowing）をすると負債比率が上がり、ROEも向上しますが、一方で**利息返済**（repayment of interests）という義務が生じます。利息は、**税金費用**（tax expenses）を減らすというメリットもありますが、売上高が伸びず利益が出ない中で財務レバレッジを上げていくと、利息負担が業績を圧迫し企業の倒産リスクは高まります。安全性を損ねる可能性があり注意が必要です。また、単純に株主資本を小さくすることでROEは高くなるので、財務戦略の一環として自社株買いをする企業も見られます。**自社株買い**（stock repurchase）とは企業が自らの株を**買い戻す**（repurchase）ことで、再獲得した自社の株式は**自己株式**（treasury stock）と呼ばれ、会計上は株主資本を減少させる項目です。

financial leverage　財務レバレッジ

To maintain an acceptable growth rate, the company is expected to rely on a high percentage of **financial leverage** this year.
(認容範囲の成長率を維持するために、今年は高い財務レバレッジに依存することが予想される。)

repurchase stock　株を買い戻す

There is a high possibility that the company will **repurchase** its own **stock** at the end of this March, since the management thinks the shares are undervalued.
(株価が過小評価されていると経営陣は考えているため、3月末に自社株を買い戻す確率が非常に高い。)

・deploy 配備する、展開する　・acceptable 許容できる　・rely on ～に依存する
・possibility 可能性　・undervalue 過小評価する

経済付加価値（EVA®）
— economic value added

　EVA®は、Economic Value Added の略で、一般に日本語で**経済付加価値**と訳されます。EVA®は、アメリカのコンサルティング会社であるスターン・スチュワート社が開発し、商標登録を行っている経営指標です。EVA は企業の本業からの儲けを示す営業利益が、投下した資本にかかったコストを上回ることができたかを示す指標です。EVA は、次の算式で求められます。

$$EVA = 税引後営業利益（NOPAT） - 投下資本（invested\ capital） \times WACC（\%）$$

$$= 投下資本 \times \left(\frac{NOPAT}{投下資本} - WACC \right)$$

EVA > 0

NOPAT	EVA
	株主資本コスト
	負債コスト

POINT1 EVAの算出方法とその構成要素

EVA は、NOPAT、投下資本、WACC という3つの要素から算出します。NOPAT は net operating profit after taxes の略で、**税引後営業利益**を指します。会計上の営業利益から支払う予定の法人税等を差し引いたもので、営業利益に（1－実効税率）をかけて簡便的に求めることもできます。

投下資本（invested capital）は、企業が事業活動を行うために調達した資本のことです。先に見たように資本は、負債による調達と株式による調達の2種類の方法によって調達されます。投下資本を貸借対照表から定義すると**〈投下資本＝有利子負債＋自己資本〉**となります。利子負担のない買掛金や引当金などの負債を除いた貸借対照表の貸方である負債と純資産に相当します。

WACC（weighted average cost of capital）は**加重平均資本コスト**と呼ばれ、以前見たように債権者から調達した負債のコストである金利と、株主から調達した資金のコストをそれぞれの率で加重平均して求めたものです（→77ページ）。投資家側から見ると、企業へ資金を提供する投資の見返りとして、最低限要求するリターンのことです。

WACC はコストという名前ですが、実際にはパーセンテージ（％）です。調達資本に WACC をかけて資本を調達するのにかかった費用の額を算出します。これを**資本費用**（capital charge）と呼ぶこともあります。NOPAT からこの資本費用を差し引くと EVA が求められます。

▍EVA　経済付加価値

The measure of **EVA** helps investors to examine the extent to which the management has maximized the value of the firm from a shareholder's perspective.
（EVA 指標により、投資家は経営陣がどれだけ株主視点から企業の価値を最大化したのかを調べることができる。）

・maximize 最大化する　・perspective 視点

capital charge　資本費用

EVA incorporates the concept of cost of capital by way of subtracting **capital charge** from income.
（EVA は利益から資本費用を引くという方法で資本コストのコンセプトを取れ入れている。）

POINT2　EVAの意義

　EVA は利益が資本コストを上回る部分を企業が新たに創出した価値ととらえ、数字で表したものです。会計上の利益のみに注目せず、利益を上げるのにかかった資本コストを考慮するというファイナンスの視点が融合したコンセプトです。

　本業が稼いだ NOPAT から資本費用を引いた結果の EVA がプラスの場合、投資家が要求している経済付加価値を生み出したことになります。逆に、EVA がマイナスになると、経済付加価値は生み出されず、その分企業価値が毀損されたことになります。事業活動で利益を上げるには、それなりに元手がかかっており、株主や銀行などが提供してくれた資金のコストを差し引いた分が、企業に残る真の利益だという考え方です。これを **残余利益**（residual income）といいます。EVA は、会計上の営業利益率などの変動だけにとらわれず、その利益を上げるのにどれだけの投下資本を使ったのかという WACC の考え方を導入した優れた指標であるといえます。

　また、152 ページの EVA の公式を投下資本で割って変形すると次のようになります。

$$\frac{\text{EVA}}{\text{投下資本}} = \underbrace{\frac{\text{NOPAT}}{\text{投下資本}}}_{\text{（投下資本利益率）}} - \text{WACC}$$

　NOPAT を投下資本で割ったものを **投下資本利益率**（return on invested capital）といいます。この式で求められる投下資本利益率と WACC の差を **EVA スプレッド**（EVA spread）といいます。EVA スプレッドの形にすると、今の企業の事業活動が WACC を上回る投下資本利益率を上げないと EVA そのものもプラスにならず、新たな経済付加価値を生み出せないことがわかります。WACC を上回る利益率を上

げる事業を展開しようという目標が「見える化」され、企業内ではっきりと共有できるというメリットもあります。

▌residual income　残余利益

Conceptually the same as EVA, **residual income** is also a measure to assess and reward the performance of the management of the firm.
(EVA と概念的には同じだが、残余利益も企業の経営陣の業績を査定し報酬を与えるための指標である。)

▌EVA spread　EVAスプレッド

If the **EVA spread** is positive, it can be said that the firm is moving towards value creation.
(EVA スプレッドが正の値ならば、会社は価値創造へと向かっているといえる。)

・incorporate 取り入れる　・subtract 引く　・conceptually 概念的に　・assess 評価する
・positive 正の、プラスの

CVP分析
— CVP (cost-volume-profit) analysis

　売上は企業価値創出の源泉です。効率よく売上を上げるためには、売上高の増加につれて利益や原価がどのように変化するかを知ることが重要です。

　CVP分析は、**売上高**（volume）の変化に応じて**費用**（cost）や**利益**（profit）がどのように変わるかを分析するものです。volumeは、場合により売上高や販売量や操業度などを指す可能性がありますが、ここでは売上高と考えることにします。

　代表的なCVP分析に損益分岐点分析があります。**損益分岐点**（BEP: breakeven point）とは、売上高と費用が同額となり利益がゼロとなる点です。損益分岐点を越えると利益が出て、下回ると損失になる境界線です。裏返して言うと、利益を出すにはいくらの売上がないといけないのかを知ることができます。

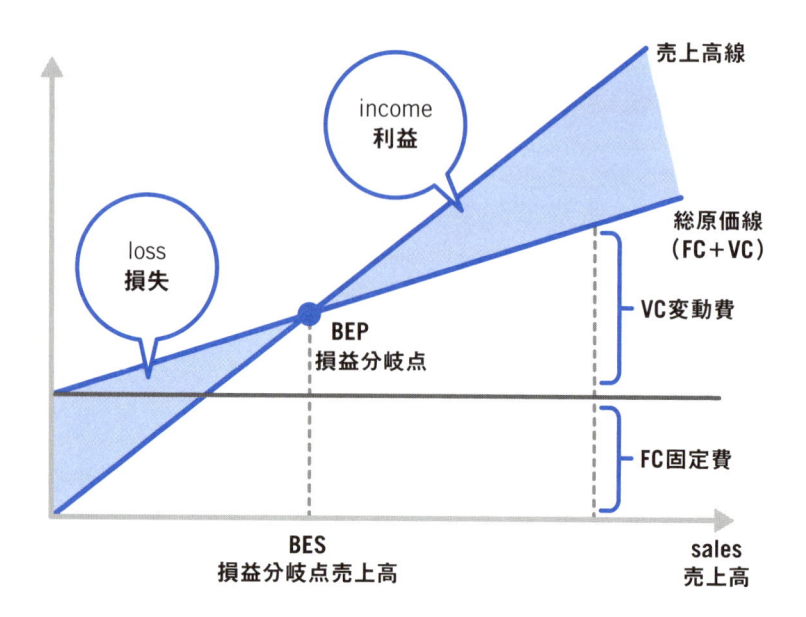

POINT1 固定費と変動費

損益分岐点（breakeven point）を見つけるためには、まず費用を**固定費**（fixed costs）と**変動費**（variable costs）に分けることから始めます。

固定費とは、売上高とは無関係に発生するコストです。売上が増加しても固定費は**一定額のまま**（remain constant）で増加しません。固定費の主な例には、**減価償却費**（depreciation expense）、**家賃**（rent）、**保険料**（insurance）などがあります。

変動費とは、**売上高に比例して**（in proportion to sales）発生するコストです。主な変動費には**直接材料費**（direct material）、**直接労務費**（direct labor）などがあります。

売上高から変動費を差し引いたものを**貢献利益**（contribution margin）と呼びます。貢献利益が固定費と等しくなるとき、貢献利益が固定費をすべて回収できたことを意味します。これが損益分岐点です。貢献利益が固定費を超えた場合は、その部分が利益となります。

CVP analysis　CVP分析

A **CVP analysis** is a very useful tool for planning profits and controlling costs.
（CVP分析は、利益を計画し費用をコントロールするのに有益なツールである。）

break even　収支が合う

How many units of product A must we sell to **break even**?
（損益分岐点に到達するためにはA製品を何個売らなければならないか。）

breakeven point　損益分岐点

The **breakeven point** of this product is considered high. When the unit price is higher than $100, we can make enough profit regardless of the method of transportation.
（この製品の損益分岐点は高いと考えられている。単価が100ドル以上で販売する場合、輸送方法が何であれ、十分な利益を上げることができる。）

・unit price 単価　・regardless of ～に関わらず　・transportation 輸送

POINT2 売上高と損益分岐点

ある商品の売上高と貢献利益の関係を表した以下の直接原価計算（direct costing）方式の損益計算書を見てみましょう。

売上高 (sales)	$10,000	
－変動費 (variable costs)	$ 3,000	30%
貢献利益 (contribution margin)	$ 7,000	70%
－固定費 (fixed costs)	$ 5,000	
営業利益 (operating income)	$ 2,000	

直接原価計算方式の損益計算書では、まず売上高から先に変動費を差し引きます。変動費は、販売量によって増減する、変動売上原価と変動販売費の二つに分かれます。変動費を区別して考えることで、売上高の増減に応じて営業利益がどのように増減するかが把握しやすくなっています。

この例では、貢献利益 $7,000 が固定費の $5,000 を上回っているので $2,000 の営業利益が出ています。この場合、売上高と費用が一致する**損益分岐点売上高**（breakeven sales）はいくらでしょうか。これは、**貢献利益率**（contribution margin ratio）から求めることができます。貢献利益率とは、貢献利益の売上高に対する比率です。次に、固定費を貢献利益率で割ると損益分岐点売上高が算出できます。上の例にあてはめると、貢献利益 $7,000 に対して売上高が $10,000 なので、貢献利益率は 70% となります。固定費 $5,000 を 70% で割ると損益分岐点売上高は $7,142 と計算できます。

これを算式で表すと次のようになります。

$$\text{損益分岐点売上高 (breakeven sales)} = \frac{\text{固定費 (fixed costs)}}{\text{貢献利益率 (contribution margin ratio)}}$$

contribution margin　貢献利益

The company uses the **contribution margin** to determine whether variable costs for that product can be reduced.
(その製品の変動費を下げることができるかを決めるために貢献利益を使う。)

break-even sales　損益分岐点売上高

The management of the company uses **break-even sales** to help them understand the minimum amount of sales revenue needed before making a profit.
(会社の経営者は、利益を上げる前に最低限いくらの売上高が必要かを知るために、損益分岐点売上高を用いる。)

・determine 決定する　・minimum amount 最低限の量

全部原価計算と直接原価計算
― absorption costing and direct costing

　原価計算には、**全部原価計算**（absorption costing）と**直接原価計算**（direct costing）の2種類があります。全部原価計算は、製品原価を算定するにあたり、変動費、固定費を問わず製造にかかったすべての費用を製品の原価として集計します。一方、直接原価計算は、すべての製造費用ではなく、変動製造原価のみを製品原価とし、固定製造原価は期間費用として処理する方法です。

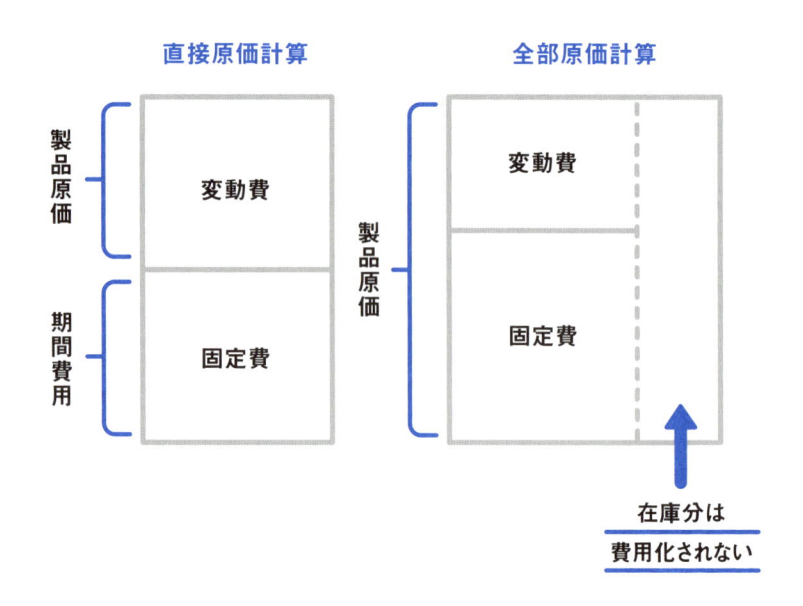

直接原価計算

製品原価	変動費
期間費用	固定費

全部原価計算

製品原価	変動費
	固定費

在庫分は費用化されない

POINT1 直接原価計算

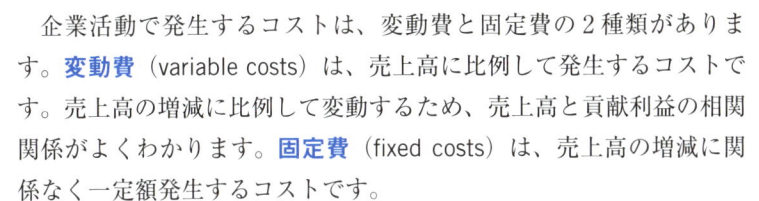

　企業活動で発生するコストは、変動費と固定費の2種類があります。**変動費**（variable costs）は、売上高に比例して発生するコストです。売上高の増減に比例して変動するため、売上高と貢献利益の相関関係がよくわかります。**固定費**（fixed costs）は、売上高の増減に関係なく一定額発生するコストです。

　直接原価計算ではまず、製造原価・販売費および一般管理費を**変動費**と**固定費**に分解します。変動費は**変動売上原価**（direct cost of sales）と**変動販売費**（variable marketing cost）の2つに分かれます。変動売上原価の代表的な例は材料費です。変動販売費には、運賃荷造費や売上に応じて払う約束をしている販売手数料などがあります。次に、売上高から変動費（＝変動売上原価＋変動販売費）を引いて**貢献利益**（contribution margin）を求めます。さらに貢献利益から固定費を引いて**営業利益**（operating profit）を算出します。

　直接原価計算は、短期の利益計画を作成するときに非常に有益といわれています。目標とする利益はいくらで、それを達成するには売上はいくら必要で、原価はいくらに抑えるべきであるというはっきりした活動のイメージが持ちやすいからです。しかし、直接原価計算にも弱点はあります。固定費と変動費の分解が時として容易ではないことです。費用の中には水道光熱費のように使用量に関わらずある一定の基本料金が課されるものもあり、固定費と変動費の中間の**準変動費**（semi-variable costs）となるからです。また、会計システムなどで固定費と変動費を自動集計しようと思っても例外やケースバイケースの都度対応が多くなり、実現が難しいこともあります。

variable costs / fixed costs 変動費／固定費

With direct costing, only **variable costs** are regarded as product costs, while **fixed costs** are regarded as period costs.
（直接原価計算では変動費のみを製品原価とし、固定費は期間費用と見なす。）

・regard 見なす

POINT2 全部原価計算

　伝統的な原価計算である全部原価計算では、製品の製造のために発生した原価である**製造原価**（manufacturing costs）はすべて**製品原価**（product cost）とされます。製品原価は、材料費・労務費・その他工場で発生した**製造間接費**（manufacturing overhead）から成ります。製品が販売されるまでは、貸借対照表の資産項目である**製品**（finished goods）として扱われ、販売された時点ではじめて**売上原価**（cost of goods sold）として費用になります。ものが売れるまでは、ものを造るのにかかった費用は、在庫である**棚卸資産**（inventories）に含まれたままとなります。そのため、工場で発生した費用が実際の売上と対応して損益計算書上の費用になるまでは時間がかかります。売上原価と製造原価の発生にはタイミングのずれがあるのです。

manufacturing overhead　製造間接費

Under traditional absorption costing, **manufacturing overhead** is applied to products using a predetermined overhead rate.
（伝統的な全部原価計算では、製造間接費はあらかじめ決められた比率で製品に配賦される。）

POINT3 2つの原価計算の違い

　一方、直接原価計算では、製品の製造のために発生したコストのうち、変動費のみを製品原価としています。製造原価のうちの**固定製造間接費**（fixed factory overhead）については、製品原価とせずに、**期間原価**（period cost）として扱います。固定製造間接費とは、具体的には、工場の減価償却費や工場管理部門の人件費など、製造量や売上高に直接関連せずにある一定額発生するコストです。極端な話、減価償却費は工場でまったく生産をしなくても発生する費用です。期間原価とは、発生した期間に全額費用として計上されるものを指します。発生期間の収益に対応させるので、費用の発生と損益計算書上の費用になるタイミングのずれはありません。

　投資家や当局への正式な**外部決算報告**（external reporting）として推奨されているのは全部原価計算ですが、問題点もあります。生産量

が販売量より多いときは、損益計算書上の利益が膨らんでしまうという現象が起きてしまうのです。全部原価計算では、製造にかかった固定費をすべて期間原価として発生時に費用処理せずに、その製品が売れた段階で費用化します。そのため、大量生産などをすると固定費は一定なので、**製品一個あたりの固定費**（fixed cost per unit）が減少します。販売数がそれほど伸びなくても売上原価に含まれる固定費が少なくなり、それだけで一個あたりの製品が販売された利益が上がります。実際に発生した固定費は、販売されずに残っている在庫に配分されます。費用化されないまま貸借対照表の棚卸資産に残り、損益計算書に出現もしないので実際には費用が発生したことに気づきにくくなります。このような現象に惑わされないようにするために、企業内部では直接原価計算を別途行い、**生産量**（production volume）、**販売量**（sales volume）に応じた**業績管理**（performance management）および利益・費用管理を進めることが大切です。

period cost　期間費用

Period costs are matched against revenue for the period and are charged to the period in which they were incurred.
（期間費用はその期間の収益と対応させることができ、発生した期の費用として計上される。）

・predetermined 所定の、既定の

活動基準原価計算（ABC）
― activity-based costing system

　伝統的な原価計算では、**製造間接費**（overhead costs）を特定の製品に直接跡づけできないと考え、機械操作時間などの**操業度**（volume）を基準として配賦していました。しかし、多品種小ロットの生産が主となる現代の製造活動では、差別化した製品を作る傾向から、製造間接費の占める割合が高くなってきました。そのため、従来の製造間接費の配賦法の限界が指摘され始めました。こうした中、コストが発生する**活動**（activity）に焦点をあて、その活動をもとに製造間接費を配賦する**活動基準原価計算**（activity-based costing：ABC）が注目されるようになりました。

　活動基準原価計算は、伝統的な**全部原価計算**（→162ページ）とどのように違うのでしょうか。ここでは、あるネックレスメーカーの活動基準原価計算による製造間接費の割り当て（allocation of indirect costs）のプロセスを見ていきましょう。

製造間接費を発生させた活動を特定し、活動ごとに製造間接費を計算する

⬇

それぞれの活動のコスト・ドライバーを特定する

⬇

コスト・ドライバーを基に各活動への配賦率を計算する

⬇

製造間接費を原価計算対象に割り当てる

POINT1　ABCによる製造間接費の配賦のプロセス

❶ 製造間接費を発生させた活動を特定し、活動ごとに製造間接費を計算する
identify each activity and estimate its total overhead costs by activity

ここでいう活動とは、製品を製造するのに必要なプロセスのうちの一つの段階やステップを表します。この会社のネックレス製造は、設計（design）300,000円／組立（assembly）600,000円／品質管理（quality control）5,000円という3つの活動から成ることがわかりました。各活動にかかった製造間接費も集計することができました。

❷ それぞれの活動のコスト・ドライバーを特定する
identify the cost driver for each activity

コスト・ドライバー（cost driver）とは、原価が発生する原因となるものです。英語のdriveには「ある一定の方向に向かわせる、駆り立てる」という原義があり、driverはコストの発生要因を意味します。

伝統的な原価計算においては、コスト・ドライバーの多くは直接作業時間（direct labor hours）や機械稼働時間（machine hours）という操業度関連のものでした。これに対し、ABCでは生産工程において発生する活動に着目し、購買の発注回数（number of purchase transactions）や品質検査の検査回数（number of quality inspections）など、操業度以外のものからもコストが生じると考えます。コスト・ドライバーはデータとして集計可能なものであり、発生したコストとの連関性が高い要因です。ネックレス製造の活動分析の結果、コスト・ドライバーは、以下の通りとわかりました。

設計：設計変更回数（number of design changes）…1,000回
組立：組立機械作業時間（number of machine hours）…20,000時間
品質管理：品質テスト回数（number of quality testing）…1,000回

❸ コスト・ドライバーをもとに各活動への配賦率を計算する
compute the cost allocation rate for each activity based on cost drivers

それぞれの活動に関連した固有のコスト・ドライバーをベースに、**配賦率**（cost allocation rate）を求めます。

設計活動の配賦率　300,000÷1,000＝@300円（1回の変更あたり）
組立活動の配賦率　600,000÷20,000＝@30円（1時間あたり）
品質管理の配賦率　5,000÷1,000＝@5円（1回のテストあたり）

❹ 製造間接費を原価計算対象に配賦する
allocate overhead costs to the cost objects

コスト・オブジェクト（cost object）は原価を集計する単位であり、原価計算対象を意味します。ABCでは、製品やサービス、プロジェクト、顧客など従来の原価計算の枠を超えて、自由に集計単位を決めることができます。コスト・ドライバーの発生データに配賦率をかけて製造間接費をコスト・オブジェクトに配賦します。この例では、製品Aを作るのに設計変更を5回、組立機械を50時間、品質テストを3回したとします。この場合の製品Aというコスト・オブジェクトの製造間接費は③で求めた配賦率を用いて次のように計算されます。

設計(＝@300×5)＋組立(＝@30×50)＋品質管理(＝@5×3)＝3,015円

activity-based costing　活動基準原価計算

Activity-based costing focuses on the activities that incur costs.
（活動基準原価計算は、コストを発生させる活動に焦点をあてている。）

cost objects　コスト・オブジェクト

Activity costs are reassigned to relevant **cost objects** by way of cost drivers.
（活動コストは、コスト・ドライバーにより関連するコスト・オブジェクトに再配賦される。）

POINT2　ABCの利点

コスト・ドライバーと発生したコストの**因果関係**（correlation）を深く分析することで、コストを削減することができます。コストを発生させる活動を特定したら、その活動が製造にとって価値を創造して

いるかを確認します。**付加価値活動**（value-added activities）とは、その製品の価値を高め消費者を満足させることができる活動です。ある活動が不要である、あるいは付加価値を生み出していない（non-value adding）と判断されれば、その活動を排除する（eliminate）という意思決定もできます。たとえそれが中止できない必要な活動であったとしても、いかに無駄を省いて効率よく活動を行うかの検討に移ることができます。このように ABC を用いると、コストの内容をより詳細につかむことができ、コスト・コントロールの行動が取りやすくなるのです。

cost driver　コスト・ドライバー

Cost drivers are those activities which are directly correlated to the incurrence of particular costs.
（コスト・ドライバーは、ある特定のコストの発生に直接的な相関性を持つ活動である。）

value-added activity　付加価値活動

When attempting to reduce costs, one option is to examine each activity and identify whether it is a **value-added activity** or not.
（コストを削減する一つの方法としては、各活動を調べそれが付加価値活動であるかどうかを見極めることだ。）

・incur（好ましくないものを）招く　・reassign 再配賦する　・relevant 関連する
・be correlated to ～に相関する　・incurrence 発生　・attempt 試み、企て

No. 39 経営計画の策定
― developing a management plan

　経営環境が激変する中、企業が安定した経営を続けるためには、経営目標（management objectives）を決め、その目標にどのように到達したらよいかという経営計画（management plan）を策定することが重要です。ここでは経営計画はどのようなプロセスで作られていくのかを見ていきましょう。

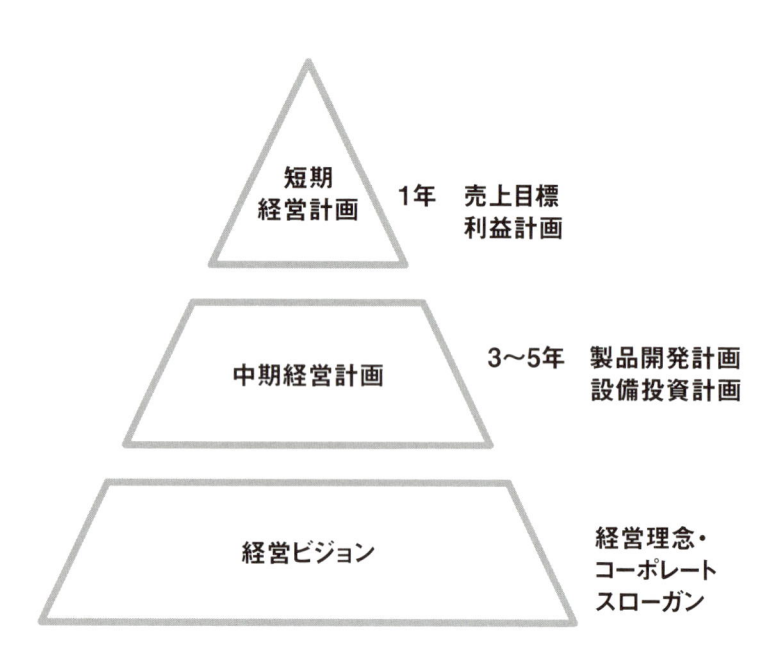

階層	期間	内容
短期経営計画	1年	売上目標・利益計画
中期経営計画	3〜5年	製品開発計画・設備投資計画
経営ビジョン		経営理念・コーポレートスローガン

POINT1 経営ビジョン

　まずは、会社として将来、何をしたいのか、何に挑戦したいのかを明確にする必要があります。**経営ビジョン**（management vision）は、**経営理念**（management philosophy）や**コーポレートスローガン**（corporate slogan）など、会社の共通の価値観（common values）、倫理観（ethics）に根ざしたものであり、同時に今後会社が進みたい方向を明確にする羅針盤です。経営ビジョンは「キャッシュフローを最大化し、企業価値を高める」という企業の本来の目的にかなったものである必要があります。それは結果として、会社の株主だけでなく、従業員や消費者などを含めた**ステークホルダー**（stakeholders）全体を幸せにする理念であるのが理想的です。この経営ビジョンは会社の向かう方向性なので、トップだけでなく全社員で共有し、皆でゴールに向かって進む必要があります。

management vision　経営ビジョン

To create a great company, **management vision** should be communicated throughout the organization.
（優れた会社をつくるには、経営ビジョンが組織全体に伝達されなければいけない。）

corporate slogan　コーポレートスローガン

A **corporate slogan** is a concise message to show core company values and desired directions to all the stakeholders.
（コーポレートスローガンは、会社の中核となる価値観や望む方向をすべてのステークホルダーに向けて示す簡潔なメッセージである。）

POINT2 中期経営計画

　中期経営計画（medium-term management plan）は、企業の経営ビジョンを基に、会社の**経営戦略**（corporate strategy）をどのように

・throughout ～全体に　・concise 簡潔な

実現していったらよいかを計画するものです。通常3～5年のタイムスパンで作成します。

　一般に、**経営資源**（management resources）の代表的な三要素である人・もの・金を重視して経営資源をいかに効率的に配分、活用していったらよいかを形にしていきます。具体的には、新製品開発計画、設備投資計画、販売計画、生産計画、組織人員計画、財務計画などがあります。これらの計画は、会社の一部門だけで作ることは難しく、会社の全部門が参加してまとめていきます。また、経営戦略の具体化なので、**外部環境**（external environment）の分析は欠かせません。外部環境には、例えば自社商品の需要に大きな影響を与える世界や日本の経済動向、自社の製品がターゲットとしている**消費者市場**（consumer market）の動向、そして**競合他社**（competitors）の動向などが含まれます。つまり、自社の事業を展開する環境の傾向や変化をできるだけ把握し、それに対応できるような戦略を練らなければなりません。

　こうして策定した中期経営計画を社内に伝達するときには、目標を言葉で簡潔に表したのち、経営指標などの数値目標を掲げるのが効果的です。例えば、売上高3,000億円やROE10％達成などのように具体的な数値にします。さらに、計画を**財務諸表**（financial statements）に落とし込んでいき、**計画貸借対照表**（budgeted balance sheet）、**計画損益計算書**（budgeted income statement）、**計画キャッシュフロー計算書**（budgeted cash flow statements）を作成して、形にします。

▎medium-term management plan　中期経営計画

In devising a **medium-term management plan**, we have to analyze the surrounding environment.
（中期経営計画策定にあたっては、とりまく環境を分析しなくてはいけない。）

▎management [managerial] resources　経営資源

Effective allocation of **managerial resources** is key to attaining corporate goals.
（経営資源の効率的な配分は会社目標の達成の鍵である。）

POINT3 短期事業[経営]計画

　中期経営計画で定めた1年目の部分の数値目標をどのように実現していくかをさらに詳しくまとめたものを、**短期経営計画**（short-term management plan）または**短期事業計画**（short-term business plan）と呼びます。中期経営計画のポリシーをより具体的にしたものです。例えば、利益目標をどのように実現するのかを**定量的**（quantitative）、数値的に表していきます。売上や利益の計画はすべての計画の出発点で、多くの場合、売上や利益の目標を中心に他の計画が作られます。**利益計画**（profit planning）は特にコストを**固定費**（fixed costs）と**変動費**（variable costs）に分けて売上高と比較する手法（＝CVP分析→156ページ）が有益です。CVP分析により、その売上高はコストを支えるのに現実的か、また、どのくらい固定費を削減しないと利益が出ないのかなどを把握することができるので、事業計画を現実的なコンテクストで作ることができます。この短期事業計画に基づいて組織ごとにさらに計画が細分化され、**予算編成**（budgeting）が行われます。

profit planning　利益計画

A CVP analysis is often used for **profit planning** because it can show how profits are affected by changes in sales volume.
(CVP分析を用いると、売上高の変化に応じて利益がどのような影響を受けるのかを知ることができるため、しばしば利益計画に用いられる。)

quantitative　定量的

A budget is a **quantitative** expression of a business plan, and it is prepared to help achieve a company's management objectives.
(予算は事業計画を定量的に表したものであり、会社の経営目標を達成するために策定される。)

・devise 考案する、立案する　・allocation 配分　・attain 達する

No. 40 予算編成
── budgeting process

168ページで見たように、会社の**経営計画**（management plan）の流れでは、まず初めに**経営ビジョン**（management vision）があり、それに基づいて**中期経営計画**（medium-term management plan）が策定されます。そして中期経営計画の最初の1年間を**短期事業計画**（short-term business plan）と位置付けます。ここで扱う**予算**（budget）とは、短期事業計画をより具体的な数値で表したものです。

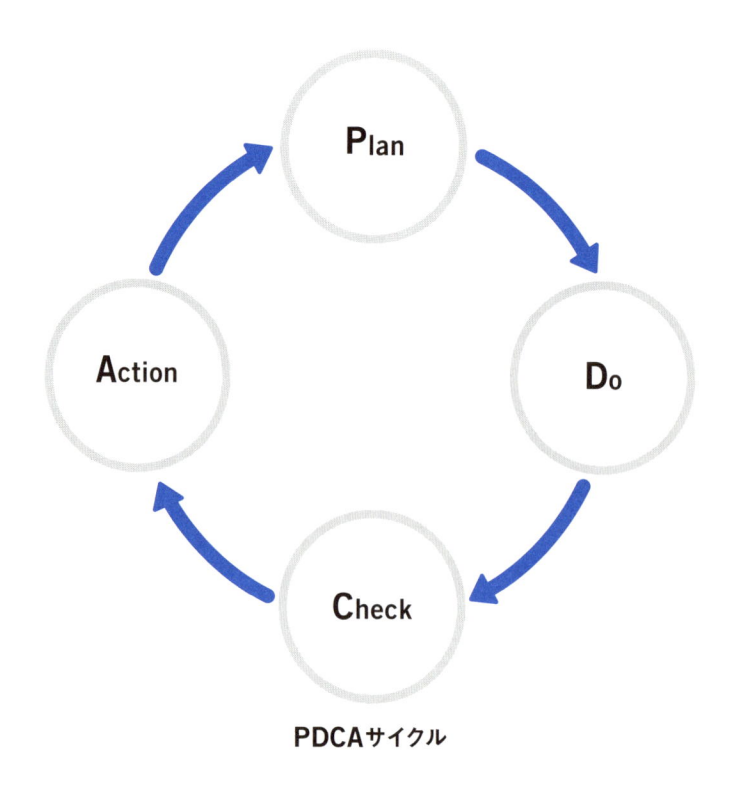

PDCAサイクル

POINT1 予算の目的

予算（budget）とは、経営ビジョン（management vision）を会計数字に落とし込んだものです。会社の目標（objectives）が月次や年次といったとらえやすい期間で数字にまとめられています。責任範囲が明確な環境下での予算策定には、組織の力を強くするという利点もあります。予算を作成することにより、部門の管理者は予算を達成するのに足りないものなど、自部門の課題を認識することができます。

また、予算を通して部門内ではっきりした目標を社員が確認し合い、共有することができます。部門間のコミュニケーションも深まり、従業員の意欲を高める（motivate）こともできます。

budget　予算

A **budget** is a short-term plan linked to an entity's long-term management objectives.
（予算は会社の長期経営目標とリンクする短期計画である。）

motivate　やる気にさせる

Budgets **motivate** managers and employees by clarifying achievement targets.
（予算は達成目標を明確にすることでマネージャーや従業員をやる気にさせる。）

POINT2 予算管理

ただし、予算は作成するだけでは意味がありません。予算という目標に対して現実はどのように進捗しているのか、計画通りにものごとが進んだのかをチェックすることが大切です。このように、予算を通して事業活動をコントロールすることを予算管理（budgetary control）といいます。

予算管理は、PDCAサイクル（PDCA cycle）でコントロールすると効率がよいといわれています。PDCAサイクルとは、plan、do、

・link 結びつける　・entity 会社、機関　・clarify 明確にする

check、action という4つのサイクルからなり、どの階層の管理者にもすぐに適用できるマネジメントスタイルの基本です。

P（PLAN）計画：会社の経営ビジョン、戦略（strategy）を理解した上で、部門など会社の細かいユニット別に予算を策定していきます。**責任会計制度**（responsibility accounting）を取ると、各部門が責任範囲の中で管理可能な（controllable）収益（revenue）または費用（cost）をとらえることができ、現実的な予算を組むことができます。

D（DO）実行：予算で立てた目標を達成すべく日々の事業活動に励みます。各部門は、各自の責任範囲を全うします。

budgetary control　予算統制

After the budget is completed, **budgetary control** should be implemented throughout the entire organization in order to ensure that budget objectives are achieved.
（予算が完成したら、予算の目標を達成するために全組織内で予算統制を実行しなくてはならない。）

C（CHECK）検証：作成した**予算**（budgeted amounts）と**実績**（actual amounts）の数値を比較してどのくらい**差異**（variance）があるかを確認し、差異がある場合は、その原因が何かを分析することです。差異がどこから発生したのかをつかみ、改善につなげるアクションを提案・実行することが重要です。ただし、予算と実績の差異は、数字ではすぐわかりますが、多くの場合、その発生原因ははっきりとは見えません。発生原因を解明するには、事業活動の流れや現場の業務フローを熟知したうえで、**仮説**（assumption）を立てて調査することが必要です。「なぜ？」を繰り返し、現象ではなく問題の真の原因を突き止めるスキルも求められます。実際に予算と実績を比較するときに用いるのは、**売上高**（sales）、**仕入高**（purchase）、**売上総利益**（gross profit）など勘定科目として表れる会計数字が多いですが、その他にも会社として常にこれだけは管理しようという**ベンチマーク**（benchmark）を用意しておくとよいでしょう。業種により異なりますが、例としては、稼働率や顧客からのクレーム数や仕損率などがあります。

variance analysis　差異分析

In a **variance analysis**, we compare budgets with actual results and examine the differences between the two.
（差異分析では、予算数値と実績数値を比較し、両者の差異を調べる。）

A（ACTION）改善行動：検証過程でつかんだ問題点を解決する是正措置（corrective action）を実行することです。有言実行でなければいけません。アクションを実際起こすことにより、状況が変わり、結果も変わります。現実との乖離があまりにも激しい場合は、計画そのものを修正することもあります。

　また、問題の発見とそれへの対処が早ければ早いほど、目的達成の実現度が高まります。例えば、1年たってから年次予算と年次決算を比べてもあまり意味がありません。1年間という長い間に起こったことの原因を掘り起こすのは容易なことではありませんし、従業員のマインドの中でもすでに終わったこと、過去となり、仮に原因がわかったところですでに新年度は始まっているため対処もどんどん遅れていきます。このような観点から、月次決算（monthly closing）を行い、月次レベルで予算の差異分析をすることは、企業の成長実現においてとても重要だといえます。

corrective action　是正措置

As soon as we find what caused the difference from budgeted expenses, **corrective action** needs to be taken.
（費用予算の差異の原因を突き止めたらすぐに、是正措置を取る必要がある。）

・implement 実行する　・compare 比較する

責任会計のしくみ
── responsibility accounting

責任会計（responsibility accounting）とは、管理者がそれぞれの責任センターの業績に対して責任を負い、評価されるシステムです。責任会計が効率よく機能するためには、次の条件が整っていなければなりません。

- 責任センター内の費用（costs）や収益（revenues）は、管理者の職務に直接的に関連して（directly related）おり、管理できる（can be controlled）。
- 予算（budget）が各責任センター（responsibility centers）で策定でき、実行・検証ができる。

責任センター
responsibility center

- コスト・センター（ex. 製造部門）
  cost center
- レベニュー・センター（ex. 営業部門）
  revenue center
- プロフィット・センター（ex. A製品部）
  profit center
- インベストメント・センター（ex. X事業部）
  investment center

POINT1 業績報告の流れ

各部門の管理者は、**業績報告書**（performance report）を作成し、自分の上司に報告していきます。報告は**組織表**（organizational chart）に示される職位に応じて下から上へと順番になされていきます。例えば、製造業の場合は以下のような報告の流れになります。

製造部門Ａ＋製造部門Ｂ　→　工場長　→　生産本部長

→　社長

営業部門Ａ＋営業部門Ｂ　　　→　　　　営業本部長

業績報告書の中では、常に**管理可能費用**（controllable costs）が明確にされ、**予算**（budget）と**実績**（actual）を比較した形式になっています。実績値が予算値を上回る場合は、その管理者は責任範囲の職務を期待以上に遂行したとされ、好評価（favorable evaluation）を受けます。

▌performance report　業績報告書

A **performance report** primarily focuses on the differences between budgeted costs and actual costs.
（業績報告書は、主として予算費用と実際費用の差に着目する。）

▌responsibility accounting　責任会計

Responsibility accounting is a system that assigns cost control to specific managers with specific functions.
（責任会計は、コスト統制を特定の機能を有した特定のマネージャーに委譲するシステムである。）

POINT2 管理可能費用と管理不能費用

責任会計では、**管理可能項目と管理不能項目**（controllable and non-controllable costs and revenues）をはっきり分けて、責任の範囲を明確にすることが大切です。コストや収益には管理可能なものと管理不可

・primarily 主に　・assign 与える、譲渡する

能なものがあります。管理者の地位や職責に応じて管理できる費用や収益は異なります。例えば、製造部長は、製品の品質（quality）には責任を持てますが、その製品の売上高（sales）にまで責任を持つことは困難です。売上高は、基本的に販売予算を策定している営業部の責任範囲となります。

　予算編成や予算管理の範囲を管理者の管理可能範囲と合致させることで、意味のある予算策定を実現することができます。管理不能なものを予算化するよう言われても管理者は困りますし、仮に管理不能な要素を予算化したとしても数字だけが独り歩きして予算が形骸化することになります。一般的に上級職になればなるほど**権限**（authority）が増え、管理可能な費用と収益は増えるといわれます。

▎controllable and non-controllable costs
　管理可能費用と管理不能費用

Managers should be held accountable for **controllable costs**, not **non-controllable costs**.
（マネージャーは、管理不能費用ではなく管理可能費用に対して説明責任を負うべきだ。）

▎authority　権限

In a decentralized organization, it is essential to delegate the **authority** to control costs to each manager.
（脱集権化された組織内では、それぞれのマネージャーにコスト管理の権限を委譲することが大切である。）

POINT3　責任センターの種類

　大きく分けて4つの責任センター（responsibility center）があり、センターごとに管理者の責任範囲が定められています。

コスト・センター（cost center）：管理者は、発生する原価（cost）に対してのみ責任を負います。製造部門や人事部門などがこれにあたります。

レベニュー・センター（revenue center）：管理者は、主として発生する収益（revenue）に対して責任を負います。収益とは売上高のこ

とです。製品やサービスの売り上げをどれだけ上げることができるかが大切です。営業部門がこれにあたります。

プロフィット・センター（profit center）：管理者は、利益（profit）を管理する責任を負うので、発生する収益のみならず原価に対しても責任を負います。利益＝収益−原価（費用）で求められるからです。製品別に組織が分かれている場合、A製品部、B製品部などがこれにあたります。

インベストメント・センター（investment center）：管理者は、収益と原価をコントロールしながら利益を稼ぐことが要求されます。利益を生み出す投資（investment）についても責任を負います。ただし、利益は、その絶対額で評価されるのではなく、投下した資本、つまり使用した資本（capital employed）に比べてどれだけの利益を上げたのかという角度でとらえます。したがって、インベストメント・センターでは、多くの場合、どれだけ資本を効率よく使って利益を上げたのかを示す**投資利益率**（return on invested capital）により業績を評価されます。例えば事業部制を敷いている会社では、A製品部およびB製品部を統括しているX事業部などが、しばしばインベストメント・センターとなります。

▎cost center　コスト・センター

Service departments such as accounting and human resources are considered **cost centers**.

（経理や人事などのサービス部門は、コスト・センターと考えられる。）

▎profit center　プロフィット・センター

A **profit center** is the organizational unit that is responsible for its own revenues earned and costs incurred.

（プロフィット・センターは、そのセンター内で稼得した収益および発生したコストに対して責任を負う組織単位だ。）

・organizational unit 組織単位

プラスα vocabulary ▶ 企業経営に関連する用語

- interest coverage ratio　　　　　　　インタレスト・カバレッジ・レシオ
- top-down /　　　　　　　　　　　　トップダウン／
  bottom-up approach　　　　　　　　ボトムアップアプローチ
- cost of goods manufactured　　　　　製造原価
- cost variance　　　　　　　　　　　原価差異
- production budget　　　　　　　　　生産予算
- purchase budget　　　　　　　　　　購買予算
- standard cost　　　　　　　　　　　標準原価
- managerial [management] accounting　管理会計
- balanced scorecard　　　　　　　　　バランスト・スコアカード
- EBITDA (earnings before interest, taxes,　支払利息控除前・税引前・
  depreciation and amortization)　　　減価償却費控除前利益
- MVA (market value added)　　　　　　市場付加価値

Chapter **5**

企業価値を高める

　ファイナンスにおける企業価値というのは、どのように決定されるのでしょうか。まずは、企業価値がどのような概念なのかを把握してから、代表的な企業価値評価法である、マーケットアプローチ、コストアプローチ、インカムアプローチについて見ていきます。そのうえで、企業価値を高めるにはどうしていけばいいのかについて考えていきます。そして、企業価値を高める施策としてよく紹介される、M&Aや連結会計についてもお話しします。

No. 42

企業価値
― enterprise value

企業価値とは enterprise value または company value と呼ばれます。ファイナンス的には、債権者と株主から集めた資金を使って資本コスト以上のリターンを事業活動で生み出したときに、「企業価値を創造した」ということができます。日々企業が創造している価値の蓄積が、企業価値を形成していきます。

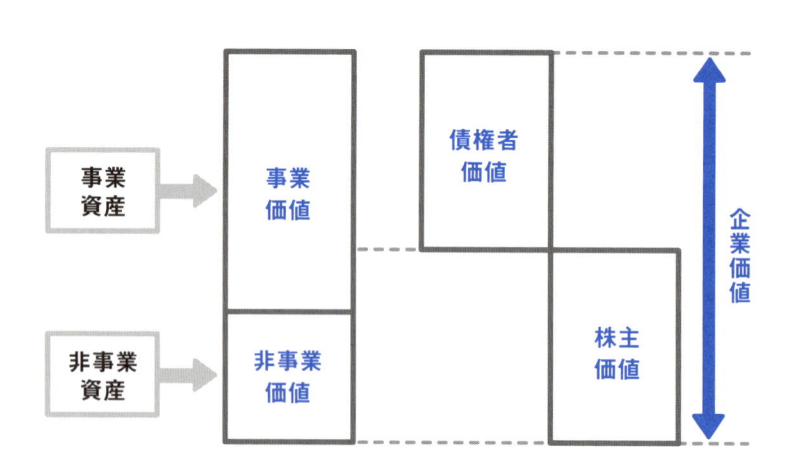

事業資産 → 事業価値　債権者価値

非事業資産 → 非事業価値　株主価値

企業価値

POINT1 ファイナンスにおける企業価値

　資金の運用を示す貸借対照表の借方（左側）に着目した企業価値のとらえ方では、企業価値は、大きく**事業価値**と**非事業価値**の二つに分かれます。

　事業価値とは**事業資産**（operating assets）から生み出す価値のことです。事業資産には、**売上債権**（accounts receivable）、**棚卸資産**（inventory）、**工場**（factory）や**事業所**（office）などがあります。これらは、実際に本業である営業活動を行い、キャッシュを生み出す源泉です。事業価値は、事業が将来にわたって生み出すキャッシュフローの総額を資本コストで現在価値に割り引いたものです。企業には複数の事業があるので、複数の事業のNPVの合計が事業価値ということになります。

　一方、非事業価値とは、**非事業資産**（non-operating assets）が生み出す価値のことです。企業はふつう、事業とは直接関係のない非事業資産を保有していることがあります。例えば、**現金預金**（cash and deposits）や短期所有の**売買目的有価証券**（marketable securities）や事業に関係ない土地や**不動産**（real estate）といった**遊休資産**（idle assets）があります。これらは、事業に直接関係はありませんが、換金性がありキャッシュにすることができます。これらの事業価値と非事業価値を足して企業価値を求めるのです。

　この企業価値は、本来、企業への資金提供者である債権者と株主の二者に帰属するものです。債権者価値とは、負債による資金調達の結果、債権者に属する価値のことで、いわゆる有利子負債を指しています。企業価値は、**債権者価値**と**株主価値**の合計から成るともいえます。そして企業価値から債権者価値を引いたものが、企業本来の価値を示す株主価値と呼ばれるものです。上場企業の場合、**株式時価総額**（market capitalization）が株主価値に近い概念とされます。株式時価総額は、株価に発行済株式数を乗じて求められます。理論的には、その会社を100％支配しようと思ったときに必要な額ですので、会社の値段ともいわれています。

183

▍enterprise value　企業価値

We are committed to increasing **enterprise value** for our shareholders.
（我々は、株主のために企業価値を高めることを約束している。）

▍market capitalization　株式時価総額

PP Bank, Eastern Europe's biggest bank by **market capitalization** is focusing on their globalization strategy.
（株式時価総額では東欧で最も大きい PP 銀行は、グローバル化戦略に注力している。）

POINT2　広義の企業価値

　広義の企業価値を考えるにあたり、誰にとっての価値なのか、企業は誰のものかを考えてみたいと思います。アメリカやイギリスは伝統的に、会社は株主のものという**株主至上主義**が根強くありました。日本でも法的には会社は株主のものなのですが、近年は **CSR**（corporate social responsibility：企業の社会的責任）などの理念が浸透しています。CSR とは、社会的弱者の支援や環境問題への取り組み、コーポレートガバナンスの整備など、企業が事業活動を行ううえで、利潤追求だけでなく社会的な責務を果たそうとする活動を指します。企業は株主よりも広い枠組みである**ステークホルダー**（stakeholder）に帰属するという考え方が強くなっています。stake には「投資持分」という意味もあります。ステークホルダーに含まれるのは、株主、債権者、従業員、仕入先、顧客、消費者、地域社会、行政機関などです。

　つまり、企業はこれらのステークホルダーと利害関係にあり、商品の品質や環境への配慮、コンプライアンスなどについての**説明責任**（accountability）があるという考え方です。実際、これらの事柄をいかに意識しているかという点が株価に影響を与える時代になってきています。すでに欧州では、国の規制として CSR の情報開示を要求しており、投資家もこうした非財務情報を重要視しています。また、最近では**統合報告**（integrated reporting）といって、ステークホルダーに対して企業価値をわかりやすく伝える動きが活発になってきています。このように、企業が営利追求だけでなく、企業をとりまく社会全体の向上にどれだけ貢献したかによって、企業価値を測る時代が来て

いるといえます。これはファイナンスでの企業価値を考える上でも大切な考え方です。

▍corporate social responsibility　企業の社会的責任

UK companies are motivated to spend more on **corporate social responsibility** activities.
（イギリスの会社は、企業の社会的責任の活動により多くの支出をするのに意欲的である。）

▍stakeholder　ステークホルダー

More and more companies are trying to hold positive dialogues with **stakeholders**.
（ステークホルダーと積極的な対話をしようとする会社が増えてきている。）

・be motivated to *do* 〜することに意欲的だ　・hold a dialogue with 〜と対話をする

No. 43

フリーキャッシュフロー（FCF）
— free cash flow

　ファイナンスの世界では、会計上の利益（book income）よりも、企業が資金を元手として事業活動でどれだけキャッシュを生み出す（generate cash）ことができるかで、企業の体力を測るという話をしてきました。**フリーキャッシュフロー**（FCF：free cash flow）とは、企業が事業活動の成果として投資家に配分できるキャッシュを指します。会社が生み出すFCFの現在価値が大きいほど、その会社の企業価値も高まります。フリーキャッシュフローは次のように算定されます。

FCF ＝ 　営業利益　 － 税金 ＋ 　減価償却費
　　　(operating income) 　(taxes)　 (depreciation expense)
　　　－ 　設備投資額　 － 　運転資金増加額
　　　　(capital expenditures) 　(increase in working capital)

　それでは実際にFCFの算出過程を見ていきましょう。

損益計算書の営業利益を算出

⬇

営業利益から税金を控除

⬇

減価償却費の加算・設備投資額の控除

⬇

運転資金増加額を差し引く

POINT1 損益計算書の営業利益を計算する

損益計算書の**営業利益**(operating income)からスタートです。営業利益は、企業の本業からの利益を表す会計上の数字で、売上高から売上原価、販売および一般管理費を差し引いて求めます。売上を上げるのに必要な製造にかかった費用や従業員の給料、物流費用、広告宣伝費などがあります。メーカーならばものをつくり、完成品を出荷して売り上げるまでに必要なコストを引いたものが営業利益です。

free cash flow　フリーキャッシュフロー

Free cash flow is one of the most significant gauges of a company's operational and financial health.
(フリーキャッシュフローは、会社の事業および財務の健全性を測る最も重要な尺度の一つである。)

POINT2 営業利益から税金費用を控除

次に営業利益からこれにかかる法人税等などの**税金費用**(taxes)を差し引きます。企業は、獲得した儲けに応じて、国や地方自治体に毎年税金を納めなければなりません。フリーキャッシュフローは定義上、投資家以外のものに支払わなくてよい、投資家に配分できるキャッシュなので、税金費用の支出分は控除する必要があるのです。ここでの投資家とは、株主だけでなく銀行などの債権者も含みます。ただし、銀行から調達した借入金にかかる支払利息はフリーキャッシュフローの算定過程では差し引かないことに留意します。例えば営業利益ではなく当期純利益を用いてしまうと、支払利息が引かれているのでさらに足し戻す作業が必要となります。

営業利益から税金を控除したものを**税引後営業利益**と呼び、英語では **NOPAT**(net operating profit after taxes)といいます。

・gauge 測定基準、尺度　・operational 運営の、事業の

▍deduct　差し引く

Tax is **deducted** in calculating NOPAT.
(NOPATを計算するには税金を差し引きます。)

POINT3　減価償却費の加算・設備投資額の控除

次に**減価償却費**（depreciation expense）を税金控除後の営業利益に足し戻します。

減価償却費は、利益とキャッシュフローの違いが大きく現れる項目です。会計上の利益を計算するときには、機械などの設備は、使用年数に応じて古くなり値減りしていくため、使える年数にわたって減価償却費として配分し、利益から差し引きます。しかしながら、減価償却費は、価値の減少を費用として会計上表現しただけで、実際に支払いをしてキャッシュが出ていったわけではありません。会計上は、減価償却費の分だけ利益が少なくなっていますが、キャッシュは減少していないのです。ここではキャッシュの動きに注目してフリーキャッシュフローを求めようとしています。キャッシュは出て行っていないため、会計上営業利益を求める過程で差し引かれた減価償却費を**足し戻して**（add back）調整します。さらに固定資産の**購入代金**（purchase price）として支払ったときに、キャッシュは実際に出ていったので設備投資額（capital expenditure）そのものを差し引きます。

▍add back　足し戻す

We **add back** depreciation to income because depreciation is not a cash outflow.
(減価償却費は現金の支出ではないので、利益に足し戻す。)

POINT4　運転資金増加額を差し引く

企業が本業の営業活動を継続していくには常に**運転資金**（working capital）が必要です。以前見たように、運転資金は〈運転資金＝売上債権＋棚卸資産－仕入債務〉で求められます。売上高が変動するとこの3要素のバランスも変わり、必要な運転資金も変動します。フリーキャッシュフローを求める際には、企業の日々の営業活動を考慮して

運転資金が1年間で増加した額を差し引きます。運転資金が増加するということは、その分、自由になる資金が減少することを意味するからです。

■ continue operations　事業を継続する

A company needs to maintain a sufficient amount of working capital to **continue the operations**.
（企業が事業を継続するには常に十分な運転資金が必要だ。）

・sufficient 十分な

企業価値評価法（1）
— valuation

　従来、企業価値というと売上高や利益などの会計的な数字が注目されてきましたが、アメリカ的な株主重視経営の考え方が日本にも徐々に浸透してきたことや、日本企業もM&Aを実行したり、またはM&Aの対象にされたりということが頻繁になってきたことから、企業の価値をいかに把握するかということが、近年重要な課題になってきました。つまり、自分がある会社や事業を買おうと思った場合、どのくらいの値段が妥当なのか？　あるいは、自分の企業の価値は、今どのくらいで、それを向上させるにはどうしたらいいか？　といった問題に経営者が取り組む必要性が、ますます高くなっています。

　企業の価値を評価することを英語でvalue a company、またはその行為を valuation といいます。

　企業価値評価法の代表的な種類は3つあります。**マーケットアプローチ、コストアプローチ、インカムアプローチ**です。ここでは最初の2つの方法を見ていきましょう。

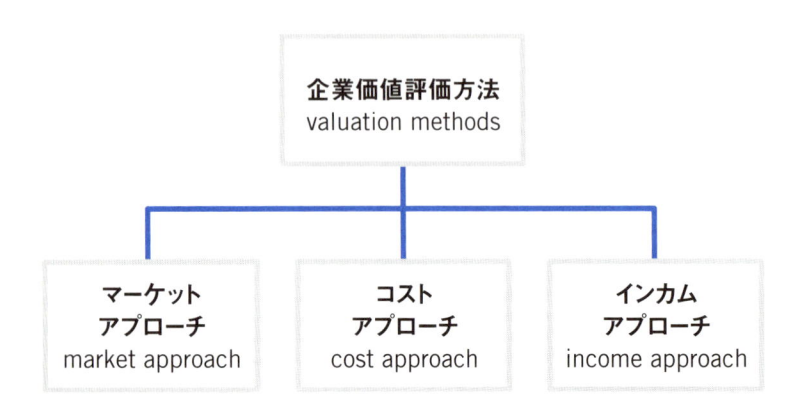

```
           企業価値評価方法
           valuation methods
          ┌────────┼────────┐
       マーケット      コスト        インカム
       アプローチ     アプローチ     アプローチ
    market approach  cost approach  income approach
```

POINT1 マーケットアプローチ

　マーケットアプローチ（market approach）は、株式市場にある情報を基に評価を行う方法で、**類似企業比較法**（comparable company analysis）が一般的です。対象企業と事業内容や規模の類似している上場企業を何社か選び、**マルチプル**（multiple）と呼ばれる評価倍率の平均値を用いて企業価値を算出する方法です。

　マルチプルを用いた類似企業比較法は、実際に株式市場で取引されている株価や公表された財務データを使うので、リアルで客観性があります。データが入手しやすく計算も容易なことから、すばやく企業価値をとらえる方法として定評があります。上場企業のみならず、非上場企業にも適用することができます。

　類似企業比較法では、いかによい類似企業を見つけるかが鍵になります。競合他社の多い事業であれば比較的容易に見つかりますが、ニッチ分野で展開するベンチャー企業の場合は、類似企業が見つけにくいこともあります。1、2社では情報が偏る可能性が高いので、できれば10社ほど集めて比較するのが望ましいといえます。製品や市場、事業内容はもとより、売上高や利益率、マーケットでのポジションなどは類似企業を探す際に外せないポイントです。

▍value　価値がある

Z Company launched a plan to buy a low-cost UK airline, currently **valued** at £5 million.
（Z社は、現在500万英ポンドの価値があるとされるイギリスの格安航空会社を買収する計画に着手した。）

▍comparable company　類似企業

In choosing **comparable companies**, we need to consider various factors, including product types, business models, industry environments, and so on.
（類似企業の選出にあたっては、製品の種類・ビジネスモデル・業界の環境などいろいろなファクターを考慮しなければいけない。）

POINT2　マルチプルによる企業価値の算出

　まずは、類似企業の企業価値が、売上高、当期純利益、PERなどの指標の何倍になっているかを計算し、平均値をとります。何倍になっているかという倍率をマルチプルといいます。求めたマルチプルの平均値を、企業価値を測りたいと思っている対象企業の同じ指標（売上高、当期純利益）に乗じると、対象企業の企業価値が求められます。

　代表的なマルチプルのPERを使用して、具体的に計算をしていきましょう。PERとはprice-earnings ratioの略で、日本語では**株価収益率**といい、現在の株価が1株当たり当期純利益（EPS）の何倍になっているかを示しています。株価と1株当たり当期純利益を比べて、株価が割安かどうかを知ることができます。

　PERは〈株価÷1株当たり当期純利益〉あるいは〈株式時価総額÷当期純利益〉で求められます。株式時価総額は〈株価×発行済株式数〉で算出されました（→183ページ）。株式時価総額は、企業の株主資本価値と同義とされています。先ほどのPERの式を変形させると、株式時価総額は〈当期純利益×PER〉で求められることがわかります。この公式を利用して、評価対象企業の価値を求めます。例えば、仮に類似企業のPERが平均15倍になったとします。評価対象企業の当期純利益が10億円であったとすると、株式時価総額は10億円×15倍＝150億円となり、これが対象企業の企業価値となります。

▌multiple　マルチプル

Company valuation using **multiples** has gained popularity because of its straightforwardness.
（マルチプルを使った企業評価は、そのわかりやすさゆえに人気がある。）

▌PER　株価収益率

PER is the ratio of the current market price per share to the current earnings per share.
（PERとは現時点の株価を一株あたりの利益で割った率である。）

POINT3 コストアプローチ

コストアプローチ（cost approach）は**貸借対照表**（balance sheets）の**純資産**（net assets）に基づいて企業価値評価をする方法です。貸借対照表の**資産**（assets）、**負債**（liabilities）を時価評価し、**時価ベース**（fair value basis）の純資産を算出します。日本では従来主流の評価方法でしたが、インカムアプローチなどの他の方法に比べると企業価値が低くなる傾向があり、現在ではあくまでも参考値とするケースが多いようです。この**時価純資産法**（net assets value analysis）の一番のデメリットは、簿外の資産、負債を時価評価対象に入れないというところにあります。一般に企業の価値の多くを占めるのは、ノウハウやブランドや技術力といった**無形資産**（intangibles）であることが多く、それらは貸借対照表に載っていない簿外の資産です。そのため、時価純資産を用いると、それらのものが企業価値に反映されなくなってしまうのです。特に買収の時は無形資産に価値を見出すことが多いので、無形資産を企業価値として認識できない時価純資産法は採用されにくくなります。

▎cost approach　コストアプローチ

Cost approach focuses on the fair market value of assets and liabilities at the date of valuation.
（コストアプローチは、評価日における資産・負債の時価に注目する。）

▎off-balance sheet　簿外の

On the balance sheet of the target company, there are some **off-balance sheet** items which GAAP (generally accepted accounting principles) do not allow to be booked.
（買収対象企業の貸借対照表には、一般に公正妥当と認められた会計原則により計上できなかった簿外の項目がいくつかある。）

・market value 時価　・date of valuation 評価日　・book 計上する

No. 45

企業価値評価法(2)
— valuation

　インカムアプローチ（income approach）は、企業が将来生み出すキャッシュフローに注目して企業を評価します。マーケットアプローチおよびコストアプローチでは、過去の業績数値や財務諸表を用いて企業を評価しましたが、インカムアプローチでは、**お金の時間価値**（time value of money）を考慮して将来企業が生み出す価値を測ろうとします。また、キャッシュの動きとずれがある会計上の利益ではなく手元に残るキャッシュ、未来にわたって稼ぐキャッシュに注目するのが特徴です。代表的な方法としては **DCF 法**（Discounted Cash Flow method）があります。DCF 法による企業価値の算出をステップごとに見ていきましょう。

　ここでいう企業価値とは、No. 42 で見た事業価値の部分の算出方法となります。

将来のフリーキャッシュフロー(FCF)を予測する
forecast future free cash flows

⬇

割引率を設定する
determine the discount rate

⬇

継続価値を見積る
estimate the terminal value

⬇

将来のフリーキャッシュフローの現在価値と継続価値の現在価値を合算する
sum present value of future free cash flows and terminal value

⬇

企業価値を算出する
compute the value of the firm

POINT1 将来のフリーキャッシュフローを予測する

DCF法は、将来企業が生み出すフリーキャッシュフローを現在価値に割り引く手法です。**フリーキャッシュフロー**（free cash flow）は、先に見たように「株主や債権者などの投資家に配分可能なキャッシュ」と定義づけられます（→186ページ）。フリーキャッシュフローは、会社の**稼ぐ力**（earning power）を示す値です。フリーキャッシュフローを増加させるような投資の意思決定を会社が行うと、その分だけ会社の価値も増加していきます。

フリーキャッシュフローは先に見たように、損益計算書の営業利益からそこにかかる税金を差し引き、減価償却費を足し戻し、設備投資の支出額、運転資金の増加額を差し引くことによって求めることができました。ただ、何もないところからフリーキャッシュフローを予測するのは難しいので、まずは会計ベースの**予想貸借対照表および予想損益計算書**（projected BS and PL）を作成します。そうすることで自ずと売上高予測・仕入高や生産高計画、設備投資計画、人員計画などを織り込むことができ、具体的なキャッシュフローがイメージできるようになります。通常、企業価値算出にあたっては、5年〜10年ほどの将来のキャッシュフローの予測をします。

▍earning power　稼ぐ力

Free cash flow represents a firm's **earning power**.
（フリーキャッシュフローは、企業の稼ぐ力を表象する。）

POINT2 割引率を設定する

92ページで見た通り、**割引率**（discount rate）は投資家から見ると**期待収益率**（expected rate of return）であり、同時に他の投資をあきらめてこの企業に投資するのだから最低限このくらいのリターンはほしいという**利回り**（return）でした。リターンの不確実性が大きい場合は、リスクが大きくなるので割引率も高くなります。割引率は、予

・represent 表す、表象する

測したキャッシュフローが本当に得られるのかの**リスク度**（riskiness）と関連しています。また企業側から見ると、この期待利回りは投資家から資金を調達するにあたってかかる**資本コスト**となります。通常、企業評価をする場合は、割引率としてこの**加重平均資本コスト**である **WACC** を用います（→ 77 ページ）。

▎riskiness　リスクの度合い

The discount rate reflects the **riskiness** of investments, namely the likelihood of achieving the expected rate of return required by investors.
（割引率は、投資家が要求する予想利回りを達成できるかどうかという投資のリスク度合いを反映する。）

POINT3　継続価値を見積もる

　次のステップは、**継続価値**（terminal value）を計算することです。初めのステップで将来キャッシュフローを予測しましたが、5 年間、あるいは 10 年間は合理的に予測できたとしても、永遠に将来のフリーキャッシュフローを予測することは不可能です。そこで、それ以降のフリーキャッシュフローは、継続価値というコンセプトを用いて見積もります。継続価値の求め方にはいろいろな方法がありますが、予測可能期間を越える遠い将来のフリーキャッシュフローは、ある**一定の成長率**（stable growth rate）で増加していくと仮定して算出するのが代表的です。例えば「11 年目以降のフリーキャッシュフローは、毎年 5％で成長していく」のように考えるのです。

▎terminal value　継続価値

Sometimes the **terminal value** of a project turns out to be quite large in comparison to cash flow projections in the initial periods.
（時には、プロジェクトの継続価値は、プロジェクト初期の予測キャッシュフローに比べてかなり大きくなることがある。）

▎growth rate　成長率

Stable **growth rate** usually does not exceed the **growth rate** of the

economy as a whole.
（安定成長率は、通常、経済全体の成長率を上回ることはない。）

POINT4 将来のフリーキャッシュ現在価値と継続価値の現在価値を合算する

　将来のフリーキャッシュフロー予測と継続価値が決まったら、それぞれを現在価値に割り引き、合算します。例えば、先の例のように10年間のフリーキャッシュフローを予測した場合は、1年目から10年目の予想フリーキャッシュフローの総額を、WACCを用いて現在価値に割り引きます。そして11年目以降のすべてのキャッシュフローを表す継続価値を現在価値に割り引いたものと合算します。こうして企業の事業価値を求めることができます。これに非事業価値を加算することで、企業の総合的な価値を算出することができます。

　企業が永遠に事業活動を行う前提であるゴーイングコンサーン（going concern）の下に存在する以上、継続価値は永遠というスパンでものごとを考えることと関連しています。ただし、企業価値評価のステップにおいて、この継続価値が金額的にも大きくなる傾向があるため、企業価値の価額全体に大きく影響します。買収の際の企業評価では、投資の効果を永遠（infinite）という長い期間で測らず、初めから何年以内に投資額を回収できるか目標を立てるため、予測不可能なキャッシュフローの情報までは不要ということがあります。そういった場合や保守的に企業価値をとらえたい場合は、企業価値算定に継続価値を考慮しない場合も見受けられます。

・exceed 上回る　・as a whole 全体として

企業価値を向上させる
— improving the value of a company

企業価値（enterprise value）の概念やその算出の仕方を見てきましたが、企業価値を高めるためには具体的にはどのような施策が必要でしょうか。

ここではDCF法を使って求める企業価値をいかに向上していくかを見ていきます。繰り返しになりますが、企業価値とは、将来企業が生み出すキャッシュフローの現在価値の合計です。同時に企業価値は、**事業価値**と**非事業価値**という2つの価値の合計でした（→ 183ページ）。この双方の価値を上げることが企業価値全体を向上させることにつながります。

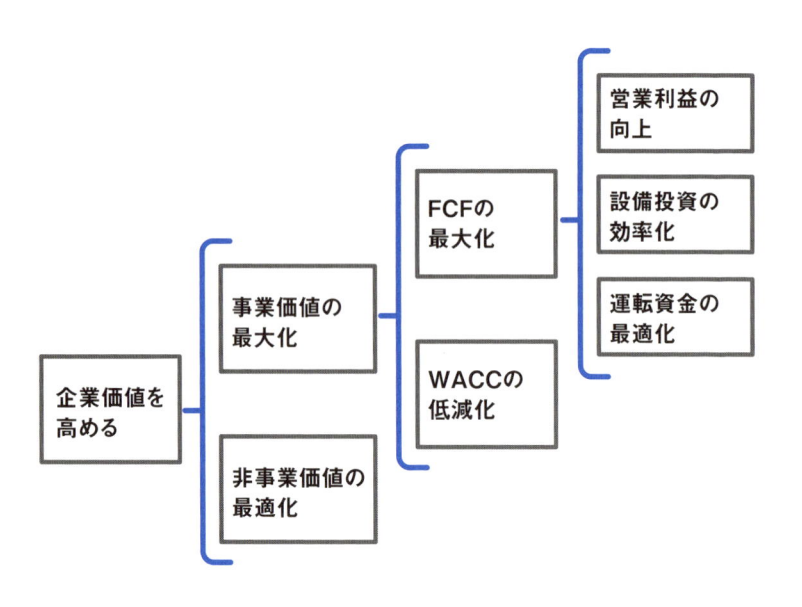

```
企業価値を高める
├─ 事業価値の最大化
│   ├─ FCFの最大化
│   │   ├─ 営業利益の向上
│   │   ├─ 設備投資の効率化
│   │   └─ 運転資金の最適化
│   └─ WACCの低減化
└─ 非事業価値の最適化
```

POINT1 事業価値の最大化

事業価値は、企業の事業が生み出す将来の**フリーキャッシュフロー**（FCF）を **WACC**（＝加重平均資本コスト）で割り引いた**現在価値**（present value）の合計で求められました。つまりFCFを最大化し（maximize）、WACCを低減化（minimize）することで、事業価値を最大化することができます。

❶ FCFを最大化する

FCFとは、事業活動で企業が獲得したキャッシュのうち債権者や株主に配分可能なものを指します。FCFを最大化する方法を考えるために、何がFCFを構成するかに戻って考えましょう。FCFは以下の式で求めることができました。

FCF ＝ 　　営業利益　　 － 　税金 ＋ 　　　減価償却費
　　　(operating income)　(taxes)　(depreciation expense)
　　　－ 　　設備投資額　　　－ 　　　運転資金増加額
　　　　(capital expenditures)　(increase in working capital)

これをさらに a) **営業利益向上**（increase operating income）、b) **設備投資の効率化**（effective capital investment）、c) **運転資金の最適化**（optimize working capital）という3つのブロックに分けてそれぞれを最適化していきます。以下は主な例であり、FCF最大化の施策は、これには限りません。

a) 営業利益の向上：売上が増加するように製品の**差別化**（differentiation）を図る。**マーケットシェア**（market share）を拡大する。
b) 設備投資の効率化：設備投資の基準を厳しく設定し、NPVを最大化するような投資を選ぶ（→94ページ）。実行した投資をモニタリングして不採算投資を整理し、必要があれば撤退するしくみを作る。必要なものと不要なものを見極め、事業の選択と集中を図る。
c) 運転資金の最適化：運転資金管理のトピックで見たように、売上債権・仕入債務・棚卸資産の3要素の管理を正しくする。CCCをできるだけ短くする。

❷ WACCを下げる

　WACCとは、企業にとっての**資金調達にかかるコスト**（financing cost）であると同時に、投資家の要求を満たすために企業が実現しなければいけない期待収益率のことです。**WACCを下げる**（reduce WACC）には、**資金調達構成の最適化を図る**（optimize capital structure）ことが必要です。まずは、負債による資金調達において、少しでも銀行からの借入金の金利を下げる、**負債比率**（debt ratio）を上げるなどの手段があります。ただし、負債比率を上げていくとある時点からレバレッジリスクが高まり、自己資本コストが上昇します。負債比率を上げることによるWACC低下のメリットが、負債および自己資本コストの上昇によって相殺される点を、**最適資本構成**（optimal capital structure）と呼びます。この最適資本構成に近い範囲の資金調達バランスを目指すのが理想的です。

▌value creation　価値創造

For a corporation, **value creation** is one of the most important factors in gaining competitive advantage.
（価値創造は、企業が競争優位を確立するのに最も重要な要因の一つである。）

▌optimal capital structure　最適資本構成

To have an **optimal capital structure**, companies need to carefully balance the composition of debt financing and equity financing.
（最適な資本構成を持つために、負債による調達と資本による調達の構成比率のバランスをうまくとる必要がある。）

POINT2　非事業資産の最適化

　非事業価値は非事業資産が生み出します。**非事業資産を最適化す**れば（optimize non-operating assets）、そこから生まれる非事業価値が向上します。非事業資産とは、今その資産を売却しても事業の継続に直接支障のない資産のことです。事業に関連しない**遊休資産**（idle assets）や**金融資産**（financial assets）がこれに該当します。遊休資産は、時価評価すると簿価が時価を下回り、**評価減**（devaluation）対象になる可能性が高いです。また、税金や管理費など保有するための

コストもかかります。早めに処分する（dispose of）ことでキャッシュが回収できる場合もありますし、維持費によるさらなるキャッシュの流出を防ぐことができます。金融資産には、ゴルフ会員権や持合株式などがありますが、これらは、最初の獲得時の機能や意味が薄れてしまっているものもあります。処分時の損失額も考慮しながら、事業目的に本当に資する投資なのかを検討し、非事業資産を圧縮することが必要です。

disposal　処分

Losses from **disposal** of the unused plant had a large, negative impact on the company's bottom line.
（使用していない工場の処分による損失は、会社の利益を大きく減少させた。）

devaluation of fixed assets　固定資産の減損

Due to recent technological advances, the value of our existing machinery fell significantly below the book value, resulting in the **devaluation of fixed assets** at year-end.
（昨今の技術進歩により、我々の以前からある機械の価値は簿価に比べてかなり下落したため、期末で評価減することとなった。）

・competitive 競争の　・advantage 優位、有利　・balance 平衡を保つ、バランスを取る
・bottom line 最終的な損益　・existing 既存の　・book value 簿価

M&Aの種類と目的
― types and motives of M&A

　企業価値を向上させる一つの手段として **M&A** が注目されています。特に最近では、閉塞した国内経済からの脱却を目指して成長著しいアジアへ活路を見いだす企業も増えています。こうした国境を越える**クロスボーダー M&A**（cross-border M&A）はグローバル化の波に乗りトレンドとなっています。

　M&A の目的は、単に収益を拡大するためだけではなく多岐にわたります。例えば、全体の調達コストを下げるための生産拠点あるいは新たなサプライヤーの獲得であったり、新しい顧客基盤や流通チャネルを得るためであったりします。その他の M&A の目的としては、グループ会社の事業再編や税務戦略などがよく挙げられます。

　また、一言で M&A といってもいろいろな形態があります。まずは、M&A にはどんな種類があるのかその分類を概観し、そのあとで代表的な M&A の手法を見ていきましょう。

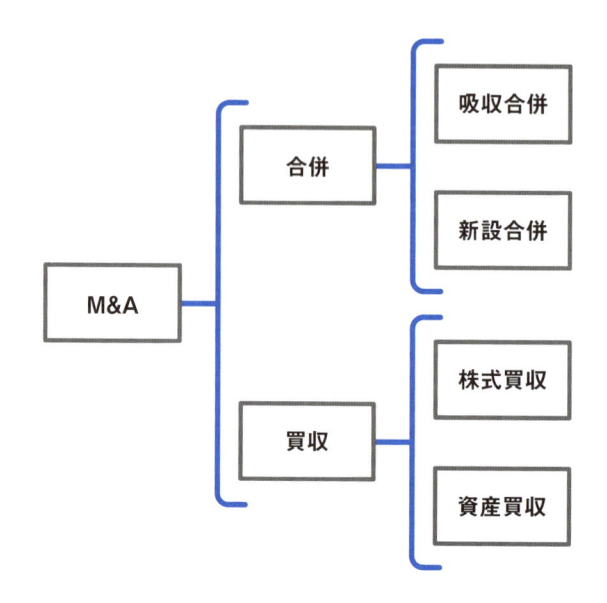

```
M&A ─┬─ 合併 ─┬─ 吸収合併
     │        └─ 新設合併
     └─ 買収 ─┬─ 株式買収
              └─ 資産買収
```

POINT1　M&Aの種類

　M&Aは **Mergers and Acquisitions**（合併と買収）の略で、先に示した図のように分類されます。

　合併（merger）は複数の会社が一つの会社になることです。合併には、一つの会社が存続しもう一つの会社が吸収されて消滅する**吸収合併**と、両方の会社が消滅して新会社が設立される**新設合併**があります。

　買収（acquisition）は企業の一部ないし全部を買い取ることです。買収は、その会社の株式を取得する**株式買収**（stock purchase）と、会社のある一部の事業だけを買い取る**資産買収**（asset purchase）に大別されます。過半数の株式を取得した場合は、被取得企業は子会社となり、グループとして一体化します。

　また、経営支配権の移転は伴いませんが、広い意味でのM&Aの中には**資本提携**や**業務提携**も含まれます。ジョイントベンチャー（joint venture）などがこの例です。

mergers and acquisitions　M&A、合併と買収

Mergers and acquisitions are a significant growth strategy for corporations today.
（合併と買収は、現代の会社の重要な成長戦略の一つである。）

stock purchase　株式買収

In a **stock purchase** deal, the buyer purchases outstanding stocks directly from the shareholders of the target company.
（株式買収では、買手は直接買収企業の株主より発行済み株式を取得する。）

POINT2　M&Aの目的

　M&Aはその企業に利益をもたらし、その企業の価値を高めるために行います。具体的な目的にはどのようなものがあるのでしょうか。代表的な3つの例を順番に見ていきましょう。

・significant 重要な　・outstanding 発行済みの、流通している

❶ 規模の経済

　水平型 M&A（horizontal merger）ともいわれ、主に同業種の会社のM&Aの動機となります。同じことをするなら一緒にしたほうが原材料費や人件費などの効率が上がり、収益性が増すという原理です。一体となることで共倒れにならず、不要な競争を避けることもできます。さらに**顧客基盤**（customer base）を合体できれば売上高が上がり、マーケットシェアを拡大し、既存事業を強化することもできます。

▎economies of scale　規模の経済

European banks are on the move to consolidate in order to create **economies of scale**.
（欧州の銀行は、規模の経済を創出するためにお互いに統合する方向にある。）

❷ 事業の一貫性の追求

　垂直統合型 M&A（vertical merger）ともいわれます。同分野、同事業の川上から川下に至るまでのM&Aを指します。例えばアパレル業界であれば、川上は素材である糸や生地のメーカーです。川中では生地を加工して製品を作ります。川中には卸売業者も含まれます。川下は消費者に製品を販売する**小売業者**（retailer）です。調達・製造・物流・販売といった**サプライチェーン**（supply chain）の中で自社に欠けている機能がある場合、そこを買収によって補うことができれば、自社グループですべての事業が一貫できることになります。コスト削減につながり、市場競争力が高まります。

▎vertical merger　垂直統合型合併

A **vertical merger** will increase the efficiency and quality of product development and manufacturing.
（垂直統合型合併は、製品開発・製造の効率と質を向上することができる。）

❸ 新規参入

　新規参入には、新しい事業に参入する場合と同一事業で新しい市場に参入する場合などがあります。事業の**多角化**（diversification）を目指してまったくの新規事業に取り組む場合、すでに市場で実績のある会社を買収して参入します。時間が節約できますし、失敗するリス

クも低くなります。自社が保有していない**ノウハウ**（know-how）や**技術**（technology）を獲得することもできます。特にグローバル化を目指してある企業がコア事業で海外に進出しようとするとき、自社にない経営資源をすばやく手に入れることができるため、M&A は有効な経営戦略となります。

このように M&A は成功すればメリットも大きいですが、違う会社同士が一つになることは、実際には容易なことではありません。企業文化や経営方針などが衝突し、融合までに時間がかかるのが普通です。したがって、買収前の買収企業の綿密な調査と買収後の統合作業が大切になります。

▎diversification　多角化

The company is planning a **diversification** into the hotel industry, expecting the number of tourists from abroad to increase.
（海外からの旅行客が増えることを見込んで、会社はホテル産業への多角化を計画している。）

・on the move 進行中で　・consolidate 合同する、統合する　・efficiency 効率

M&Aの手法
―― M&A methods

　買収には、株式を取得する株式買収がありました。株式買収の対価としては、現金と株式の2種類があります。ここでは、現金による株式取得のうちの市場外買付であるTOBや株式交換、株式移転について見ていきましょう。株式交換や株式移転は、現金による株式取得に比べて手続きが簡単で多額の資金を必要としない点でメリットがあり、グループ内の事業再編としてよく用いられます。

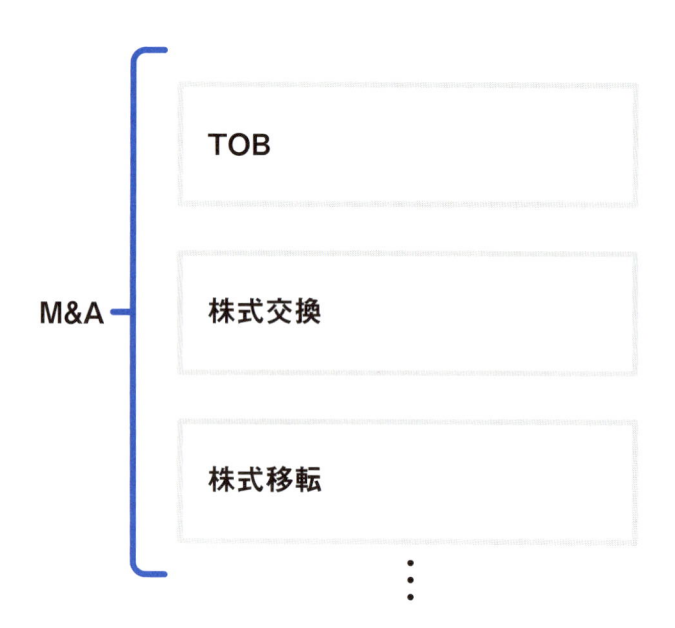

M&A
- TOB
- 株式交換
- 株式移転
- ⋮

POINT1 TOB

TOBは**株式公開買付**とも呼ばれ、英語では tender offer または takeover bid といいます。上場企業の買収の際によく用いられます。

TOB では、株式市場を介さずにあらかじめ買付価格、買付株数、買付目的、買付期間などを公表して買付を行います。買収者が、買収ターゲット先の企業の経営陣とコンタクトせずに、経営支配権の取得を目指して、直接、買収対象企業の不特定多数の株主と一度に取引をする形態です。多くの既存株主が公開買付に応じて株式を売却してくれれば、比較的短期間に目的を達成できることもあります。取引を有利に進めるために、通常は市場価格を上回る価格で買付を募集します。

M&A は、買収対象企業の経営者の合意が得られるか否かにより、**友好的買収**（friendly takeover）と**敵対的買収**（hostile takeover）に分かれます。買収される側の企業の経営者の合意を得ないままに、株式を買い集めて経営権を取得することを敵対的買収といいます。バブル崩壊以後、株式持ち合いの解消の進行に伴い安定株主が少なくなっていることも影響して、日本でも敵対的買収が増加する傾向にあります。

一方、企業側では、敵対的買収を阻止しようといろいろな防衛策を講じています。買収防衛策としては、**ポイズンピル**（poison pill）が有名です。ポイズンピルは、**毒薬条項**とも呼ばれます。企業は、前もって既存株主に市場価格より安い価格で株式を買い取る権利を付与しておきます。敵対的買収者が現れたときにこの権利が発動され、大量の新株の発行により買収者の持株比率が大幅に低下するしくみです。突然、すべての株を買い占められるのを防ぐとともに、買収者は、追加で株式を取得しなければならなくなるので買収コストが上昇し、買収を断念するケースも出てきます。

tender offer　株式公開買付

X Company failed to gain enough support from shareholders for a €3 per share **tender offer**.
（X 社は一株あたり 3 ユーロの株式公開買付の申し出に対して、株主から十分な支援を得ることができなかった。）

hostile takeover　敵対的買収

Raising antitrust issues can be used as a defensive strategy for blocking **hostile takeovers**.
(独占禁止関連の問題提起は、敵対的買収を阻止する防護策の一つになりうる。)

POINT2　株式交換

　株式交換（stock exchange）は、100％の親子関係、つまり完全子会社化を実行するためのスキームです。完全親会社となる会社をA社、完全子会社（wholly owned subsidiary）となる会社をB社としましょう。まず、A社がB社の株主からB社株式をすべて取得します。A社はその対価として、B社株主に自社の新株を交付します。B社株主はA社の株主となるため、B社はA社の完全子会社となり、完全な支配権を得るというしくみです。

stock exchange　株式交換

With a **stock exchange**, both the acquiring company and the target company survive and the target company becomes the subsidiary of the acquiring company.
(株式交換では、取得企業と買収対象企業の双方が存続し、買収対象企業は取得企業の子会社となる。)

wholly owned subsidiary　完全子会社

B Company announced that it would merge with C Company, its **wholly owned subsidiary** to streamline the operations of the two.
(B社は、完全子会社であるC社と合併し、両社の業務を合理化することを発表した。)

株式交換のプロセス

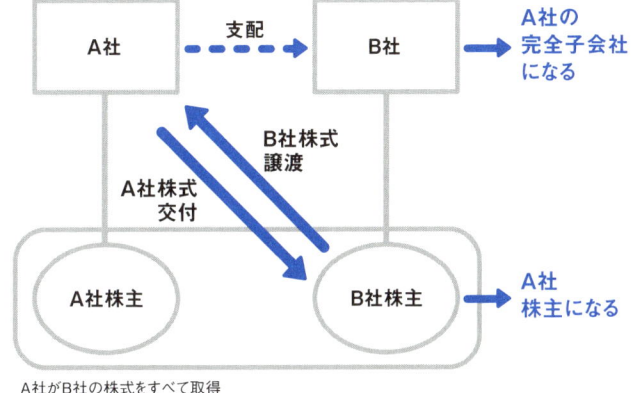

A社がB社の株式をすべて取得
A社はその対価としてB社にA社に株式を交付

POINT3 株式移転

　株式移転（stock transfer）では、A社、B社が新たに共同で**持株会社**X社を設立します。A社の株主はX社の株式と引き換えにA社の株式をX社に渡します。B社の株主も同様にします。その結果、持株会社X社が、A社B社双方の株式を100%所有します。かつてのA社とB社の株主は、X社の株主となります。つまり、A社とB社はX社の子会社となります。複数の企業が経営統合をする際、持株会社を設立する動きがよく見られます。

▌stock transfer　株式移転

Stock transfer is done as part of company group restructuring.
（株式移転は、会社のグループ再編の一環として行われる。）

▌holding company　持株会社

One of the advantages of establishing **holding companies** is that we can isolate various risks to a single unit.
（持株会社設立の利点の一つに、様々なリスクを一つの事業体に隔離できるということがある。）

・antitrust 独占禁止の　・survive 存続する　・merge with 〜と合併する
・streamline 合理化する　・restructuring 再編　・isolate 分離する、隔離する

M&Aのプロセス
── M&A process

M&A は、売手と買手の利益が一致して初めて成立します。世の中にはたくさんの M&A 案件がありますが、成約に至らず途中で破談になるものも多くあります。成約したとしても、売手と買手が合意点を見つけるために何か月もかかることはめずらしくありません。M&A はどんな流れで進行していくのでしょうか。買手の視点に立った、一般的な M&A のプロセスをフローチャートで見ていきましょう。

- M&A戦略の策定
- ⬇
- 買収ターゲットの特定
- ⬇
- 相手企業との交渉
- ⬇
- 基本合意書の締結
- ⬇
- DDの実施
- ⬇
- 買収契約書の条件の交渉
- ⬇
- 最終合意および実行

POINT1　M&A戦略の策定

なぜM&Aをしたいのか、**動機**（motive）を明確にします。具体的には、M&Aをして得られるものは、**経営戦略**（corporate strategy）に合致しているか、M&A以外の手段で同じ目的を達成できないかなどのポイントをもう一度考えます。

motive　動機

The **motive** for A Company to engage in an M&A deal is to enter into an African market, where they have no marketing experience.
（A社がM&Aを実行する動機は、まだマーケティングの経験のないアフリカ市場に参入するためである。）

POINT2　買収ターゲットの特定

M&A戦略で描いた事業目的を実現できるような**ターゲット企業**（target company）を探します。売りたいと思っているオーナーを直接紹介されるケースもありますが、通常は**アドバイザー**（advisor）と呼ばれるM&A仲介業者を通じて買収候補を紹介してもらいます。M&Aアドバイザーは専門知識やノウハウを有しており、その後の買収プロセスにおいて全体の進捗管理を担当するので、効率よく買収を進めることができます。

target company　買収対象会社、買収標的会社

At that time, we did not know that the **target company** had been subject to such litigation.
（買収対象会社が当時そのような訴訟をかかえていたとは知らなかった。）

POINT3　相手企業との交渉

興味のある企業を見つけた場合は、**守秘義務契約**（CA：confidentiality agreement）を結び、買収交渉の過程で提示する情報を互いに第三者

・litigation 訴訟

に漏洩しないことを取り決めます。そしてお互いの情報を交換しながら対象企業の分析・評価をします。同時に買収金額の算定も行います。

confidentiality agreement　守秘義務契約

The **confidentiality agreement** is designed to protect confidential information and trade secrets.
（守秘義務契約は、極秘情報や企業秘密を保護するものである。）

POINT4　基本合意書の締結

交渉を重ねある程度の妥協点を見いだしながら基本的な合意に達したら、それを**基本合意書**（LOI：letter of intent）で文書化します。基本合意書は、合意点を確認するもので法的拘束力はなく（non-binding）、買収の成立を約束するものではありません。基本合意書には多くの場合、**買収価格**（purchase price）や**独占的交渉権**（right to negotiate exclusively）などを記載します。独占的交渉権とは、売手はある一定の期間はその他の買手との交渉をしないことを約束するものです。

letter of intent　基本合意書

X Company signed a **letter of intent** to construct factories in a special economic zone.
（X社は、特別経済区に工場を建設するという基本合意書に署名した。）

POINT5　DDの実施

買収候補企業の詳細な分析・評価をさらに進めるために、**外部専門家**（outside experts）を雇って調査を行います。これを**デュー・デリジェンス**（DD：due diligence）といいます。DDがカバーする領域は、法務、財務、税務、人事労務、環境問題など広範囲にわたり、それぞれその道の専門家に依頼します。この段階から契約書のドラフトを併行して準備します。買収金額の資金調達の方法も検討に入ります。

due diligence　デュー・デリジェンス

After conducting **due diligence**, A Company abandoned its plan to buy a London-based software company.
（デュー・デリジェンス実行後、A 社はロンドンのソフトウエア会社買収計画を断念した。）

POINT6　買収契約書の条件の交渉

　買収金額を含めたいろいろな買収条件について交渉します。買収金額に反映された企業価値は妥当か検討します。DD で想定していないリスクが見つかった場合は、そのリスクを排除するよう交渉したり、またはそのリスク見合いを買収金額から減額することができるかなどの交渉をします。

purchase agreement　買収契約書

The two companies were discussing the terms of the **purchase agreement** to buy a 60% stake in the German beer company.
（両社は、ドイツのビール会社の株を 60％取得するという買収契約書の条件を協議している。）

POINT7　最終合意および実行

　最終の契約書が締結された後、株式の譲渡と代金決済が行われます。この日を買収成立日（＝クロージング日 closing day）と呼びます。M&A では、締結後のマネジメントのほうが大切だといわれています。この日から PMI（post merger integration：経営統合マネジメント）と呼ばれる、M&A 成立後の事業経営や組織の統合を確立する体制作りに着手することになります。

close the deal　契約を成立させる

The management expects to **close the deal** to acquire Canada's second largest mobile company before the end of the year.
（経営陣は、年末までにカナダ第 2 位の携帯電話会社を取得する契約を成立させたいとしている。）

連結会計
— consolidation of financial statements

　企業は、成長を加速するためにさまざまな投資を行います。ある企業体そのものを買収して完全子会社にすることもありますし、ある会社の株式の20%のみを取得する投資もあります。通常、会社は、**子会社**や**関連会社**などを保有し、**グループ企業**（group company）を形成します。

　日本経済の低迷する需要から脱却するために、新たな市場を求めて海外に子会社を設立し、グローバル化を進める企業が増えています。こうした状況では、親会社の財務諸表だけを見ても背後にある経済活動が把握できないことは少なくありません。親会社が投下した資本により子会社や関連会社が上げた実績を含めてこそ、真の経済実態や創出された企業価値がわかるのです。そのため、グループとしての連結業績開示のニーズは投資家から強く求められています。

　このような親会社・子会社などを一つの企業集団と見なして財務諸表を結合する方法を**連結会計**（consolidation accounting）、連結会計により作成する財務諸表を**連結財務諸表**（consolidated financial statements）と呼びます。

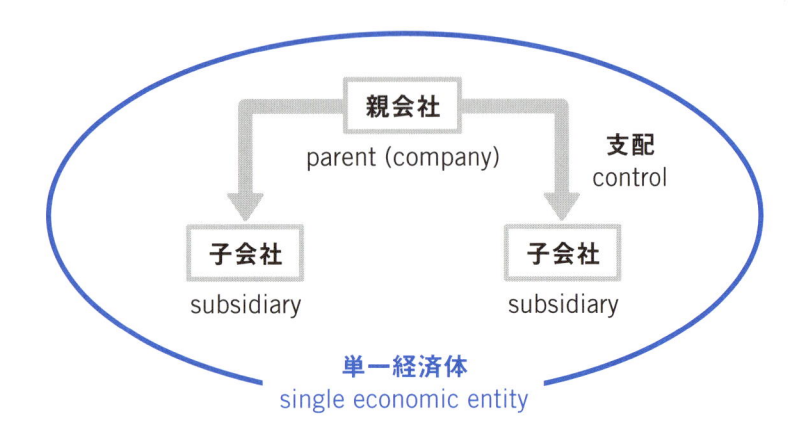

POINT1 連結財務諸表の意義

連結財務諸表とは、**親会社**（parent company）、子会社、関連会社などから構成される企業集団を**一つの経済体**（single economic entity）と見なして作成する財務諸表です。連結財務諸表においては、親会社と子会社を一体として見ますので、親会社と子会社の間の取引は、**内部取引**（intercompany transactions）とされ消去されます。

例えば、親会社が子会社へ売り上げたとしても、それは単なる同一グループ間での棚卸資産の移動と考えられます。取引は取り消され、発生しなかったことになります。そのため、たとえ期末間際に子会社への押し込み販売をして親会社の売上高を増加させても、あるいは不良債権を子会社へ移転し含み損失を隠したとしても、連結決算上は売上が増加するわけでも不良債権が消滅するわけでもありません。連結会計は実態をゆがめるような取引や隠ぺい工作を防止することができ、グループの**経営成績**（operating results）および**財政状態**（financial condition）をより忠実に表すことができるのです。

consolidated financial statements　連結財務諸表

In preparing **consolidated financial statements**, all intercompany sales and purchases transactions are eliminated.
（連結財務諸表作成においては、連結会社間の売上や仕入の取引はすべて消去される。）

POINT2 連結グループの範囲の考え方

原則的に、すべての子会社を連結の範囲に含めなくてはいけません。しかし、子会社であってもその支配が一時的（temporary）である場合や子会社の重要性が乏しい時には、現在の日本基準では連結の範囲に含めなくても認容される場合があります。どのような会社を同一の企業集団と見なし、連結の範囲に含めるかについては、一定の判定方法があります。まずは持株基準で判断し、加えてその会社を実質的に支配しているか、または重要な影響（significant influence）を与えることができるかを考えて決定します。持株基準とは**議決権のある株式**（stock with voting rights）の所有割合を基礎とする考え方です。

voting right [power]　議決権

If we hold a majority of the **voting rights** of a company, consolidation will be required.
（その会社の議決権を過半数所有する場合は、連結する必要が生じる。）

POINT3　子会社とは

　ある企業の議決権の50％超を保有している場合は、その会社は子会社となります。また、議決権保有率が50％超でなくとも、40％以上50％以下を所有している場合は、実質的にその会社を支配していると判断されれば子会社となります。子会社は英語ではsubsidiaryと呼びます。支配（control）の例としては、その企業の**財務や事業の方針決定**（financial and operating policies setting）に重要な影響を与えることができる、その企業が資金調達の過半数を親会社に依存している、親会社と密接な関係にある者の議決権と合わせると50％を超える場合などがあります。また子会社の定義に該当する場合であっても、先に挙げた正当な理由により連結範囲に含めず除外する（exclude from consolidation）ことも認められています。連結範囲から除外した子会社は、非連結子会社と呼ばれます。

control　支配

The company plans to acquire additional stocks of the subsidiary to gain more **control** over it.
（会社は支配力を高めるためにその子会社の株式を追加取得する計画である。）

POINT4　関連会社と持分法

　ある企業の議決権の20％以上50％以下を保有している場合は、その会社は関連会社となります。関連会社は英語ではaffiliated companyまたはassociateと呼びます。また議決権の所有が15％以上20％未満である場合は、影響力基準の要件を満たすと関連会社に該当する場合があります。例としては、子会社と同じく、その企業の財務や事業の方針決定に重要な影響を与えることができる、さらに、親会社が重要な融資を行っている、その企業が技術を親会社に依存（technological dependence) している、などが挙げられます。

　関連会社や非連結子会社には、原則として**持分法**（equity method）と呼ばれる会計処理を適用します。持分法とは、連結とは違い関連会社の貸借対照表や損益計算書はすべて合算しませんが、関連会社の純資産および損益のうち、親会社に帰属する部分のみを取り込む方法をいいます。具体的には、関連会社の当期純利益のうち、親会社の所有比率分を持分法による投資損益（営業外損益の項目）として連結損益計算書に計上します。持分法適用会社は、財務諸表の合算は行いませんが、内部取引の消去等その他の必要な調整は、連結同様に行います。

equity method　持分法

Under the **equity method**, investors record their proportionate share of the income earned by the investee as revenue.
（持分法を適用すると、投資会社は、被投資会社が稼いだ利益を投資割合に応じて収益として計上する。）

・proportionate 比例した　・investee 被投資会社

> **Column** MBOマネジメントバイアウト

　M&Aのその他の手法としてMBOやLBOがあります。MBO（management buyout：マネジメントバイアウト）とは、現在の経営陣や従業員が自分の属する企業を買収することを指します。通常、多額の資金が必要になるため、自社の資産などを担保として買収資金を金融機関や投資ファンドから借り入れることが多く、買収資金を主に負債で調達する場合は、LBO（leveraged buyout：レバレッジド・バイアウト）と呼ばれます。MBOはLBOの一種類とされます。MBOは、日本では敵対的買収防衛策（takeover defenses）として用いられることがあります。経営陣が買収した後、その会社の上場を廃止し、非公開会社となります。ガバナンスは弱まりますが、株主からのプレッシャーから解放されて経営の自由度が高まり、成長を遂げる会社もあります。その他、MBOを用いて子会社の経営陣や従業員が親会社から株式を買い取り、一つの別会社として独立する場合があります。のれん分けや事業承継など事業再編の有効な一手法とされています。

索引

本文で取り上げた全キーワードとそれに準じる重要語句を五十音順に並べてあります。数字はページ数を表します。

【ア】

ROE ································ 149
アドバイザー ························ 211
EVAスプレッド ······················ 155
インカムアプローチ ·················· 194
インフラ ···························· 27
打歩発行 ···························· 67
売上原価 ···························· 115
売上債権回転期間 ···················· 127
売上高 ······························ 115
売りオペ ···························· 19
売掛金 ······························ 107
売掛金 ······························ 124
売掛金年齢表 ························ 128
運転資金 ···························· 123
運転資金管理 ························ 126
営業外収益 ·························· 116
営業外費用 ·························· 116
営業活動サイクル ···················· 125
営業活動によるキャッシュフロー
 ···································· 119
営業利益 ···························· 115
エージェンシー問題 ·················· 40
エクイティファイナンス ·············· 56
NPV ································ 94
M&A ······························· 203
お金の時間価値 ······················ 92
オプション ·························· 48
親会社 ······························ 215

【カ】

買いオペ ···························· 19
買掛金 ······························ 124
会計方針 ···························· 105
外国為替市場 ························ 20
介入する ···························· 20
回避する ···························· 62
外部資金 ···························· 54
限られる ···························· 37
格付け ······························ 66
格付け機関 ·························· 66
家計 ································ 23
貸倒損失 ···························· 128
貸手 ································ 12
加重平均資本コスト ·················· 79
稼ぐ力 ······························ 195
価値がある ·························· 96
価値がある ·························· 191
価値創造 ···························· 200
活動基準原価計算 ···················· 166
合併と買収 ·························· 203
株価収益率 ·························· 192
株券 ································ 35
株式移転 ···························· 209
株式公開 ···························· 58
株式公開買付 ························ 207
株式交換 ···························· 208
株式時価総額 ························ 184
株式買収 ···························· 203
株式を譲渡する ······················ 37
株主 ································ 36
株主価値 ···························· 100
株主有限責任の原則 ·················· 36
株主割当増資 ························ 59
株を買い戻す ························ 151
借入金 ······························ 60
借手 ································ 12
監視する ···························· 16
間接金融 ···························· 61
完全子会社 ·························· 208
管理可能費用と管理不能費用
 ···································· 178
関連会社 ···························· 214
機会費用 ···························· 77
期間費用 ···························· 163
起業家 ······························ 35
企業価値 ···························· 184
企業間信用 ·························· 129
企業の社会的責任 ···················· 185
議決権 ······························ 216
既存株主 ···························· 59

219

期待リターン	68
記帳する	103
規模	100
規模の経済	204
基本合意書	212
義務	40
キャッシュ	102
キャッシュ・コンバージョン・サイクル	124
キャッシュフロー計算書	118
キャッシュを生み出す	32
キャップエム	73
業績報告書	177
業務提携	203
金融機関	14
金融市場	13
金融仲介者	12
金融派生商品	43
金利	90
金利スワップ	49
クーポンレート	64
グループ企業	214
経営計画	168
経営資源	170
経営戦略	211
経営ビジョン	169
景気を刺激する	29
傾向分析	137
経済付加価値	153
計算する	93
継続価値	196
契約を成立させる	213
減価償却する	104
現金	107
現金管理	21
現金自動預入支払機	17
権限	178
現在価値	92
原債権者	82
原材料	123
原資産	43
健全である	147
公開市場操作	19
公開取引所	47
公共財	28
公共事業	21
貢献利益	159
高所得	28
公募増資	58
越える	99
コーポレートガバナンス	41
コーポレートスローガン	169
コール・オプション	48
子会社	214
国債	27
コストアプローチ	193
コスト・オブジェクト	166
コスト・センター	179
コスト・ドライバー	167
国庫資金	21
固定金利	62
固定資産	109
固定資産の減損	201
固定費	161
固定比率	146
固定負債	112
コモディティ	43

【サ】

債券市場	65
債権保有者	77
在庫記録	133
最後の貸し手	21
財政政策	29
最善の	55
最適資本構成	200
最適の	55
再投資する	32
再分配する	28
差異分析	175
財務活動によるキャッシュフロー	121
財務分析	137
財務レバレッジ	151
先物取引契約	47
先渡し	48
差し引く	188
残余利益	155

CSR	184
CVP分析	157
仕入債務回転期間	127
仕入れ先への支払い	119
時価	79
時間価値	90
事業活動	31
事業資産	183
事業を継続する	189
資金需要	53
資金不足主体	11
資金余剰主体	11
資金を調達する	31
資金を流す	11
事後監査	89
自己資本適正性	15
自己資本比率	145
自己資本利益率	148
資産	106
資産使用効率	150
資産買収	203
支出	23
市場介入	20
実行する	100
支配	216
支払期日	129
支払い不能	63
支払いを決済する	17
四半期ごとの	103
資本(金)	57
資本コスト	77
資本市場	13
資本担保証券	83
資本提携	203
資本的支出	88
資本費用	154
資本予算	87
資本割当	87
社外取締役	39
社債	64
借金	54
社内取締役	39
収支が合う	157
住宅ローン	23

収入	23
収入源	24
守秘義務契約	212
純資産	106
純資産	113
準備金	20
証券化	81
証券会社	12
証拠金	45
上場する	35
消費	24
情報の非対称性	16
将来価値	91
初期投資	104
初期投資額	88
処分	201
所有と経営の分離	37
新規参入	204
信用	69
信用リスク	63
信用力	71
信頼関係	41
垂直統合型合併	204
水道光熱費	125
水平型M&A	204
薦める	100
ステークホルダー	185
スワップ	49
税	24
税収	27
製造間接費	162
製造する	32
成長率	196
正である	95
製品	124
政府	27
責任会計	177
責任を負う	36
是正措置	175
世帯	23
節税効果	71
説明義務	58
全部原価計算	160
戦略	31

221

倉庫	131
増資	59
総資産回転率	150
損益計算書	114
損益分岐点	157
損益分岐点売上高	159

【タ】

ターゲット企業	211
貸借対照表	106
耐用年数	105
代理人	40
多角化	205
足し戻す	188
棚卸資産	108
棚卸資産回転期間	131
棚卸資産管理	130
短期借入金	61
短期金融市場	13
短期経営計画	171
担保	63
中期経営計画	170
長期借入金	61
直接金融	61
直接原価計算	160
貯蓄	24
TOB	207
低所得	28
定量的	171
敵対的買収	208
デットファイナンス	69
デフォルト	63
手元流動性	143
デュー・デリジェンス	213
デリバティブ	43
店頭取引	47
動機	211
当期純利益	117
当座比率	142
投資家	33
投資活動によるキャッシュフロー	120
投資から撤退する	89
投資事後監査	89

投資有価証券	109
独占的交渉権	212
特別目的会社	83
取締役	39
取締役会	39

【ナ】

内部資金	53
内部収益率	98
内部取引	215
年齢表	128

【ハ】

買収契約書	213
買収成立日	213
買収対象会社	211
買収標的会社	211
配当	36
配当金の支払額	121
ハイリスク・ハイリターン	45
入る	101
発生する	101
比較する	96
比較分析	137
引受人	65
非事業資産	183
非資金費用	105
1株当たり利益	139
費用をコントロールする	149
比率分析	138
ファイナンス	11
付加価値活動	167
複利	91
負債	54
負債	106
負債の節税効果	70
物価の安定	19
フリーキャッシュフロー	187
不良在庫	132
プロフィット・センター	179
分配する	32
平価発行する	67
ベータ	75
返済	55

ベンチャーキャピタル	57	流動比率	141
変動金利	62	流動負債	111
変動費	161	流動負債	141
ポートフォリオ	81	類似企業	191
簿価	78	レバレッジ効果	44
簿外の	193	連結財務諸表	215
保管料	132	連邦準備銀行	20
本人	41	ローリスク・ローリターン	69

【マ】

マーケットアプローチ	191
マーケットリスク・プレミアム	75
マルチプル	192
満期日	64
未払法人税	111
無担保社債	67
持株会社	209
持分法	217

【ワ】

WACC	77
割引債	66
割引発行	67
割引率	93

【ヤ】

やる気にさせる	173
有形固定資産の取得	120
友好的買収	207
融資する	15
預金を集める	15
予算	173
予算管理	173
予算統制	174
与信	69
予測する	97
予測できない	53
預貯金取扱機関	12

【ラ】

利益	102
利益計画	171
利益剰余金	112
利益の衝突	40
リスクの度合い	196
リスクフリーレート	74
リスクプレミアム	73
リスクヘッジ	45
利付債	67
流動資産	141

223

【著者紹介】

中田京子（なかた・きょうこ）
大阪外国語大学英語学科卒業後、大手総合商社に勤務。その後ウェールズ大学バンゴール経営大学院に留学し、Banking & Finance修士号を取得。帰国後ロート製薬（株）に勤務、現在に至る。米国公認会計士。

ビジネスエキスパート English　図解とキーワードで学ぶ金融英語

2015年4月5日　初版発行

著者　　中田京子
　　　　©Kyoko Nakata, 2015

発行者　小笠原敏晶

発行所　株式会社 ジャパンタイムズ
　　　　〒108-0023 東京都港区芝浦4丁目5番4号
　　　　電話　(03) 3453-2013（出版営業部）
　　　　振替口座　00190-6-64848
　　　　ウェブサイト　http://bookclub.japantimes.co.jp

印刷所　図書印刷株式会社

本書の内容に関するお問い合わせは、上記ウェブサイトまたは郵便でお受けいたします。
定価はカバーに表示してあります。
万一、乱丁落丁のある場合は、送料当社負担でお取り替えいたします。ジャパンタイムズ出版営業部あてにお送りください。
Printed in Japan　　ISBN 978-4-7890-1598-1